# MySQL 퍼포먼스 최적화

: 실무 예제로 다가가는 MySQL 쿼리 작성

지은이_ **성동찬**

절대 깨어지지 않는 고가용성 데이터 시스템을 만드는 것이 목표인 DBA다. KTH에서 5년 간 '개발+DBA' 업무를 수행하였으며, 현재는 카카오에서 DBA로 활동하고 있다.

- 블로그 : http://gywn.net
- 트위터 : @gywndi


**MySQL 퍼포먼스 최적화** 실무 예제로 다가가는 MySQL 쿼리 작성

**초판발행** 2014년 3월 14일

**지은이** 성동찬 / **펴낸이** 김태헌
**펴낸곳** 한빛미디어(주) / **주소** 서울시 마포구 양화로 7길 83 한빛미디어(주) IT출판부
**전화** 02-325-5544 / **팩스** 02-336-7124
**등록** 1999년 6월 24일 제10-1779호
**ISBN** 978-89-6848-628-9 13000 / **정가** 11,900원

**책임편집** 배용석 / **기획** 김병희 / **편집** 김연숙
**디자인** 표지 여동일, 내지 스튜디오 [밈], 조판 김현미
**영업** 김형진, 김진불, 조유미 / **마케팅** 박상용, 서은옥, 김옥현

이 책에 대한 의견이나 오탈자 및 잘못된 내용에 대한 수정 정보는 한빛미디어(주)의 홈페이지나 아래 이메일로 알려주십시오.
**한빛미디어 홈페이지** www.hanbit.co.kr / **이메일** ask@hanbit.co.kr

Published by HANBIT Media, Inc. Printed in Korea

# 저자 서문

MySQL은 예전부터 있었고 지금도 해외에서는 잘 활용되고 있는 데이터베이스다. 하지만 유독 국내에서는 규모가 작은 서비스에만 적당한 데이터베이스로 치부되어왔다. 필자도 처음에는 서비스에 따른 데이터베이스 선정 가이드를 작성할 때 아무 생각 없이 "데이터 500만 건 미만에서만 MySQL을 사용한다"라는 어이없는 결론을 내리기도 했다. 과연 MySQL의 성능이 뒤떨어지는 것일까? 대답은 "NO!" MySQL로 서비스를 운영하면서 느낀 점은 MySQL의 특성을 모르고 사용을 해왔기 때문에 성능이 좋지 않은 것이지, 다른 데이터베이스에 비해 대용량 데이터 처리 성능이 뒤떨어지는 것은 아니었다는 사실이다.

최근 SNS 서비스가 화두가 되면서 MySQL이 급부상하였다. 구글에서는 이미 적극적으로 MySQL을 사용하고 있으며, SNS의 대표주자인 트위터 역시 MySQL을 기반으로 Gizzard라는 데이터 스토어를 만들어 사용하고 있다. 대형 SNS 업체들이 왜 MySQL을 선정하여 활용하고 있을까?

SNS 데이터의 가장 큰 특징은 엄청난 속도로 데이터가 누적되며 개인화된 데이터가 상당 부분 차지한다는 것이다. 갈수록 비대해지는 데이터를 상용 라이선스로 해결하기에는 분명 엄청난 비용이 소요된다. 상용 DBMS[Database Management System]을 사용하면 하드웨어 가격보다 소프트웨어 라이선스 가격이 몇 배 이상인 경우가 대부분이라 SNS 데이터 처리를 위해 상용 DBMS를 사용하는 것은 상당히 부담스럽다. 게다가 커뮤니티 성격이 강한 SNS 데이터 특성상 결제 데이터만큼 민감한 데이터도 아니다.

이 책에서는 필자가 MySQL로 서비스를 운영, 설계, 튜닝하면서 적용한 사례를 바탕으로 MySQL의 장점과 성능 최적화 방법을 설명할 것이다. MySQL을 사용하기에 앞서 반드시 알아야 할 항목부터 대용량 데이터를 수집/처리하기 위한 방법까지, 개인적인 경험에 근거하여 정리하였다. 원론적인 데이터베이스 분석이나 설명은 하지 않았지만 도서 내용을 이해하는 데 어려움은 없을 것이다. 필자는 소설책 읽듯이 편안한 마음으로 읽고 이해한 후 MySQL을 사용했으면 하는 마음으로 집필하였다. MySQL을 사용하는 데 도움이 되기를 바란다.

매번 늦은 원고 집필로 고생을 하는 한빛미디어 관계자 분들께 죄송한 마음에 앞서 처음 책을 쓰는 두려운 상황 속에서 용기를 주고 도와주신 분들께 진심으로 감사하다는 말을 전하고 싶다. 아울러 늦은 밤 퇴근해 들어오는 나에게 웃음을 잊지 않고 현관문 앞에서 빼꼼 얼굴을 내밀며 반갑게 맞이해주는 내 아기 효주(gywn)와 평일에 많은 시간을 함께 보내지 못함에도 언제나 나를 응원해주고 용기를 북돋아주는 아내에게 깊은 감사를 전한다.

집필을 마치며

지은이 **성동찬**

# 대상 독자

| 초급 | **초·중급** | 중급 | 중·고급 | 고급 |
| --- | --- | --- | --- | --- |

다른 DBMS로 개발했던 개발자나 이제 막 IT 문턱으로 넘어온 초급자, 그리고 MySQL에서 복잡한 쿼리 성능을 조금이라도 높이고 싶어 하는 독자를 위한 책이다.

이 책은 MySQL을 사용할 때 반드시 알고 있어야 할 사항을 간략하게 소개하고 사례를 통해 쿼리 작성 시 주의해야 할 것들을 설명한다. 데이터베이스의 학문적인 내용보다는 경험 사례를 바탕으로 소개함으로써 독자들이 필자가 겪었던 문제와 비슷한 문제에 봉착했을 때 해결 방안에 대한 영감을 얻는 데 중점을 두었다.

이 책은 실무에서 사용하는 용어를 사용했다. 초급자나 처음 MySQL을 접하는 독자라면 용어가 낯설거나 어색할 수 있지만, 필자가 사용한 용어는 실무에서 관용적으로 사용하는 것이니 익숙해지면 실무에 도움이 될 것이다.

# 실습 환경 및 도서 구성

## 실습 환경

다음 웹 사이트에서 각자의 테스트 운영체제에 맞는 MySQL 버전을 다운받아 설치한다. 필자는 MySQL 5.1 버전을 사용하였다.

- MySQL 다운로드 : http://dev.mysql.com/downloads/mysql/
- MySQL 설치 방법 : http://gywn.net/2011/12/mysql-installation-on-linux/

필자는 대부분의 테스트 및 실무를 CentOS 5.x 버전에서 수행하였으나 MySQL 설치 후에는 특별히 OS와 연관된 요소가 없으므로 선호하는 환경에서 설치하면 된다.

이 책은 필자의 경험을 바탕으로 집필하였으며, 이 책에 나오는 결과는 필자가 현장에서 직접 테스트하여 얻었지만 실습할 수 있도록 원본 데이터를 제공하지는 않는다. 현장에서 사용하는 데이터베이스의 데이터를 공개한다는 것이 얼마나 위험한 일인지 잘 알고 있을 것이다.

## 도서 구성

1장에서는 MySQL에 대한 경험을 공유하기 전에 반드시 짚고 넘어가야 할 특성을, 2장에서는 최적화에 앞서 쿼리 성능을 진단할 수 있는 방안에 대해서 설명한다. 3장과 4장에서는 쿼리 작성 시 주의해야 할 사항에 대해서 설명하고, 5장에서는 쿼리 튜닝을 넘어서 스키마 레벨에서 최적화할 수 있는 팁에 대해서 설명한다. 마지막으로 6장에서는 스토리지 엔진을 변경하여 최적화한 사례를 소개한다.

# 한빛 eBook 리얼타임

한빛 eBook 리얼타임은 IT 개발자를 위한 eBook 입니다.

요즘 IT 업계에는 하루가 멀다 하고 수많은 기술이 나타나고 사라져 갑니다. 인터넷을 아무리 뒤져도 조금이나마 정리된 정보를 찾는 것도 쉽지 않습니다. 또한 잘 정리되어 책으로 나오기까지는 오랜 시간이 걸립니다. 어떻게 하면 조금이라도 더 유용한 정보를 빠르게 얻을 수 있을까요? 어떻게 하면 남보다 조금 더 빨리 경험하고 습득한 지식을 공유하고 발전시켜 나갈 수 있을까요? 세상에는 수많은 종이책이 있습니다. 그리고 그 종이책을 그대로 옮긴 전자책도 많습니다. 전자책에는 전자책에 적합한 콘텐츠와 전자책의 특성을 살린 형식이 있다고 생각합니다.

한빛이 지금 생각하고 추구하는, 개발자를 위한 리얼타임 전자책은 이렇습니다.

1. eBook Only - **빠르게 변화하는 IT 기술에 대해 핵심적인 정보를 신속하게 제공합니다.**

   500페이지 가까운 분량의 잘 정리된 도서(종이책)가 아니라, 핵심적인 내용을 빠르게 전달하기 위해 조금은 거칠지만 100페이지 내외의 전자책 전용으로 개발한 서비스입니다. 독자에게는 새로운 정보를 빨리 얻을 수 있는 기회가 되고, 자신이 먼저 경험한 지식과 정보를 책으로 펴내고 싶지만 너무 바빠서 엄두를 못 내시는 선배, 전문가, 고수분에게는 보다 쉽게 집필하실 기회가 되리라 생각합니다. 또한 새로운 정보와 지식을 빠르게 전달하기 위해 O'Reilly의 전자책 번역 서비스도 하고 있습니다.

2. **무료로 업데이트되는, 전자책 전용 서비스입니다.**

   종이책으로는 기술의 변화 속도를 따라잡기가 쉽지 않습니다. 책이 일정한 분량 이상으로 집필되고 정리되어 나오는 동안 기술은 이미 변해 있습니다. 전자책으로 출간된 이후에도 버전 업을 통해 중요한 기술적 변화가 있거나, 저자(역자)와 독자가 소통하면서 보완되고 발전된 노하우가 정리되면 구매하신 분께 무료로 업데이트해 드립니다.

**3. 독자의 편의를 위하여, DRM-Free로 제공합니다.**

구매한 전자책을 다양한 IT기기에서 자유롭게 활용하실 수 있도록 DRM-Free PDF 포맷으로 제공합니다. 이는 독자 여러분과 한빛이 생각하고 추구하는 전자책을 만들어 나가기 위해, 독자 여러분이 언제 어디서 어떤 기기를 사용하시더라도 편리하게 전자책을 보실 수 있도록 하기 위함입니다.

**4. 전자책 환경을 고려한 최적의 형태와 디자인에 담고자 노력했습니다.**

종이책을 그대로 옮겨 놓아 가독성이 떨어지고 읽기 힘든 전자책이 아니라, 전자책의 환경에 가능한 최적화하여 쾌적한 경험을 드리고자 합니다. 링크 등의 기능을 적극적으로 이용할 수 있음은 물론이고 글자 크기나 행간, 여백 등을 전자책에 가장 최적화된 형태로 새롭게 디자인하였습니다.

앞으로도 독자 여러분의 충고에 귀 기울이며 지속해서 발전시켜 나가도록 하겠습니다.

# 차례

# 1 | MySQL의 특징

MySQL의 성능을 운운하기에 앞서 MySQL 솔루션의 특성을 정확하게 인지해야 한다. 사용하는 시스템의 특성을 전혀 모르고 성능을 운운하는 것은 눈을 가리고 눈길을 빠르게 질주하는 것과 같다.

이 장에서는 MySQL의 전체적인 모습과 MySQL을 사용하기 전에 반드시 알아야 할 사항에 대해서 살펴본다.

## 1.1 MySQL은 전체적으로 어떻게 생겼나?

MySQL을 잘 사용하려면 먼저 MySQL의 전체적인 구조를 이해해야 한다. 데이터베이스Database, DB는 기능에 따라 여러 항목으로 나눌 수 있겠지만 여기서는 '서버 엔진'과 '스토리지 엔진', 두 가지로 나누어서 설명할 것이다.

두 엔진을 간략하게 정리하면 서버 엔진Sever Engine은 클라이언트의 요청을 받아 SQL을 처리하는 DB 자체의 기능적인 역할을 담당한다. 그리고 스토리지 엔진Storage Engine은 서버 엔진이 필요한 데이터를 물리 장치에서 가져오는 역할을 한다.

그림 1-1의 중간 부분(SQL Interface, Parser, Optimizer, Cache&Buffers)이 서버 엔진이고 하단에 나열되어 있는 부분이 스토리지 엔진이다.

그림 1-1 MySQL 서버의 엔진 구조(출처: http://dev.mysql.com)

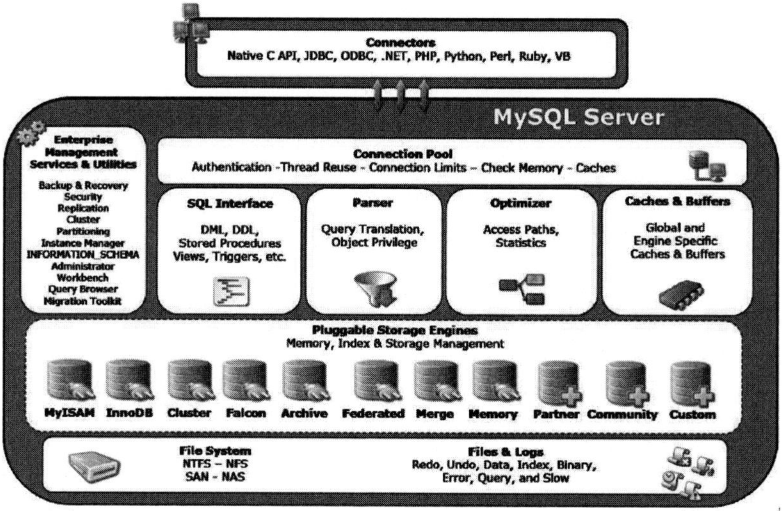


### 1.1.1 서버 엔진

서버 엔진은 사용자가 쿼리를 날렸을 때, DB가 SQL을 이해할 수 있도록 쿼리를 재구성하는 '쿼리 파싱'과 디스크나 메모리 같은 물리적인 저장장치와 통신하는 스토리지 엔진에 데이터를 요청하는 업무를 담당한다.

또한 스토리지 엔진에서 받아온 데이터를 사용자 요청에 맞게 처리하거나 접근 제어, 쿼리 캐시, 옵티마이저[01] 등의 역할을 수행한다. 즉, 물리적인 저장장치와 직접적으로 통신하는 역할을 제외하고 사용자와 MySQL 사이에서 발생하는 데이터 처리 프로세스의 대부분을 담당한다.

다음 세션에서 다룰 스토리지 엔진이 물리적인 저장장치에서 데이터를 읽어오는 역할을 수행한다면, 서버 엔진은 스토리지 엔진에서 가져온 데이터를 처리하는

01 SQL이 들어왔을 때 연관된 데이터를 빠르게 찾아내기 위해 최적의 실행을 유도하는 DB 내부의 기능이다.

역할을 담당한다. Table Join, Group By, Order By와 같은 일반적인 SQL 처리부터 Function/Procedure, Trigger, Constraint 등과 같은 기능도 서버 엔진에서 수행된다.

### 1.1.2 스토리지 엔진

스토리지 엔진은 물리적인 저장장치에서 데이터를 읽어오는 역할을 담당한다. MySQL은 다른 DBMS(Database Management System)와는 다르게 스토리지 엔진이 플러그인 방식으로 동작한다(필요한 기능이 있다면 전원에 플러그를 꽂듯이 필요한 스토리지 엔진을 간단하게 설치하여 바로 사용할 수 있다). 플러그인 방식이기 때문에 여러 개의 스토리지 엔진을 설치하여 사용할 수도 있다(MySQL 5.5에서는 스토리지 엔진 8개가 기본적으로 설치되어 있다). 필요하다면 3rd Party 스토리지 엔진을 별도로 설치하여 사용할 수도 있다.

다음은 MySQL Community 버전(MySQL 5.5 기준)을 처음 설치했을 때 제공되는 스토리지 엔진이다.

- InnoDB
- MyISAM
- MRG_MYISAM
- BLACKHOLE
- CSV
- MEMORY
- FEDERATED
- ARCHIVE

서버 엔진은 스토리지 엔진의 API를 호출하며 실제 필요한 데이터를 요청하고 조작한다. 그래서 API에는 구현되어 있지만 스토리지 엔진에서는 지원하지 않는 경우도 있다. 예를 들어 InnoDB에서 인덱스 타입을 해시(Hash)로 정의하여 생성했는데, 실제 스토리지 엔진에서는 B-Tree 인덱스로 생성되는 경우[02]다.

---

02 최근 Maria 진영에서 카산드라(Cassandra) 클러스터와 통신할 수 있게 하는 카산드라 스토리지 엔진이나 풀텍스트 인덱싱 서버인 스핑크스(Sphinx)와 연동하여 데이터를 처리할 수 있는 스핑크스 스토리지 엔진을 예로 들 수 있다. MariaDB에 대한 내용은 "https://mariadb.org/"에서 볼 수 있다.

MySQL은 다른 상용 DBMS와는 다르게 DB 엔진에 완벽하게 최적화되어 있지 않다. 이는 다양한 스토리지 엔진에서 동작할 수 있어야 하기 때문이다. 그래서 데이터 처리가 일부 비효율적일 수도 있지만 확장성 면에서는 다른 어떠한 DBMS보다 유연하다. 지금도 새로운 플러그인이 개발되고 있기 때문에 어떤 DBMS보다 강력하다고 할 수 있다.

## 1.2 MySQL에서 스토리지 엔진이란 무엇인가?

MySQL은 다양한 스토리지 엔진을 제공한다. MySQL의 가장 강력한 특징 중 하나가 바로 스토리지 엔진의 다양성이다. 만약 스토리지 엔진별 특성을 이해하고 적재적소에 적용할 수 있다면 강력한 성능은 물론이고 장비 효율성도 높일 수 있다. 반대로 서비스 특성에 맞지 않는 스토리지 엔진을 사용하면 예기치 않은 문제가 발생할 수도 있다. 때로는 테이블 설계나 SQL 작성보다 스토리지 엔진 선정전략이 전체 쿼리 수행 시간이나 장비 사용 효율에 큰 영향을 미치기도 한다.

MySQL은 플러그인 형식의 스토리지 엔진을 지원하며 기본적으로 스토리지 엔진 8개 정도를 제공한다. 현재 사용 중인 스토리지 엔진은 다음과 같이 조회할 수 있다(필자는 MySQL 5.1로 테스트하였다. MySQL 버전에 따라 출력 내용이 다를 수 있다).

```
mysql> SHOW ENGINES;
+-----------+---------+------------------------+-------------+-----+-----------+
| Engine    | Support | Comment                | Transactions| XA  | Savepoints|
+-----------+---------+------------------------+-------------+-----+-----------+
| InnoDB    | YES     | Supports transactions,..| YES        | YES | YES       |
| MRG_MYISAM| YES     | Collection of identica..| NO         | NO  | NO        |
| BLACKHOLE | YES     | /dev/null storage engi..| NO         | NO  | NO        |
| CSV       | YES     | CSV storage engine    ..| NO         | NO  | NO        |
| MEMORY    | YES     | Hash based, stored in ..| NO         | NO  | NO        |
| FEDERATED | NO      | Federated MySQL storag..| NULL       | NULL| NULL      |
| ARCHIVE   | YES     | Archive storage engine..| NO         | NO  | NO        |
```

```
| MyISAM     | DEFAULT  | Default engine as of M.. | NO          | NO  | NO         |
+------------+----------+--------------------------+-------------+-----+------------+
```

플러그인 형식의 스토리지 엔진이기 때문에 3rd Party에서 제공하는 다른 스토리지 엔진(SolidDB, Sphinx)을 간단하게 설치할 수 있다.

이 책에서는 다양한 스토리지 엔진 중 MyISAM, InnoDB, Archive에 중점을 두어 설명할 것이다(MyISAM, InnoDB, Archive는 실무에서 많이 사용하고 있는 대표적인 스토리지 엔진이다). 표 1-1은 스토리지 엔진별 특성을 나타낸 것이다.

**표 1-1** 주요 스토리지 엔진의 특징

| | MyISAM | InnoDB | Archive |
|---|---|---|---|
| **스토리지 제한** | 256TB | 64TB | None |
| **트랜잭션** | No | Yes | No |
| **Locking 레벨** | Table | Row | Row |
| **인덱스** | B-Tree | B-Tree | No |
| **Cache** | Index | Data/Index | No |
| **파티셔닝** | Yes | Yes | Yes |
| **Cluster Index** | No | Yes | No |
| **Foreign Key** | No | Yes | No |

### 1.2.1 MyISAM 스토리지 엔진

MyISAM은 MySQL에서 가장 오래된 스토리지 엔진이다. 파일 기반 스토리지 엔진이며 데이터에 대한 키, 즉 인덱스만 메모리에 올려서 처리한다. 데이터는 메모리에 적재하지 않고 디스크에서 바로 접근한다. 트랜잭션을 지원하지 않고 테이블 단위 잠금Table Level Lock으로 데이터 변경을 처리한다. 따라서 특정 테이블의 여러 세션에서 데이터를 변경하면 성능이 상당히 저하된다. 특정 세션이 테이블의 데이터를 변경하는 동안 다른 세션은 앞선 변경 작업이 끝날 때까지 대기하기 때문이다.

그렇다고 MyISAM이 다른 스토리지 엔진에 비해 성능이 뒤떨어지는 것은 아니다. 텍스트 전문을 검색할 수 있는 '풀텍스트 인덱싱Fulltext Indexing'과 지리 정보를 처리할 수 있는 '지오메트릭 스파셜 인덱싱Geometric Spatial Indexing' 같은 좋은 기능도 제공한다. 단, 풀텍스트 인덱싱와 지오메트릭 스파셜 인덱싱을 사용하면 테이블 파티셔닝을 사용할 수 없다는 제약이 있다. MySQL은 애초에 저사양 서버에서 구동하기 위한 목적으로 고안된 스토리지 엔진이기 때문에 다양한 기법으로 데이터 사이즈를 줄인다. 그중 대표적인 방법이 프리픽스Prefix 인덱스 압축 기법으로 키 사이즈를 최소화한다.

**여기서 잠깐_ 프리픽스 인덱스 압축 기법이란?**

인덱스 첫 번째 값을 통째로 저장하고, 그 이후 변경 값을 차례로 인덱싱하는 방식이다. 다음과 같이 두 개의 문자열(또는 스트링)을 인덱싱한다고 가정해보자.

Ex) Perform과 Performance 데이터 인덱싱

첫 번째 문자열은 일반적인 인덱스와 마찬가지로 Perform을 키 값으로 가지고 있다. 이 상태에서 Performance라는 문자열을 인덱싱할 경우, 앞 단계에서 중복된 문자(Perform)는 참조해야 할 글자 수(7자)와 필요한 나머지 문자열(ance)을 키로 가지게 된다.

① Perform : 인덱싱 문자열(Perform)을 저장

② 7, ance : 중복된 문자열(Perform)의 글자 수를 저장한 후에 나머지 데이터를 저장

프리픽스 인덱스 압축을 사용하면 키 사이즈는 대폭 줄어들고 메모리 효율은 높아진다. 그러나 키 역순으로 데이터를 찾아야 할 경우에는 성능 이슈가 있다. 원하는 데이터를 찾으려면 이전 단계에 저장된 인덱스 내용이 필요하다. 따라서 MyISAM은 로그 수집 또는 단순 SELECT에는 적합하나 동시 데이터 처리에는 한계가 있다.

### 1.2.2 InnoDB 스토리지 엔진

MySQL에서 유일하게 트랜잭션을 지원하는 스토리지 엔진으로, 일반적인 서비스에 가장 많이 사용하는 엔진이다. '다중 버전 동시성 제어 메커니즘Multiversion Concurrency Control, MVCC'[03]을 제공하고 행 단위 잠금으로 데이터 변경 작업을 수행하기 때문에 연관이 없는 데이터를 다른 사용자가 변경할 수 있다.

MyISAM은 인덱스만 메모리에 올리지만 InnoDB는 인덱스와 데이터를 모두 메모리에 올린다는 것이 가장 큰 차이점이다. 메모리에 인덱스와 데이터가 적재되어 있기 때문에 메모리 버퍼 크기(InnoDB_Buffer_Pool_Size)가 DB 성능에 큰 영향을 미친다.

03 MVCC는 여러 개의 복제본을 이용하여 하나의 데이터를 처리함으로써 서로의 READ/WRITE를 방해하지 않도록 하는 방식이다.

**여기서 잠깐_ '테이블 단위 잠금'과 '행 단위 잠금'의 차이**

이 둘의 차이는 데이터 변경 시 어느 수준까지 락Lock을 걸어 다른 사용자가 데이터를 변경하지 못하게 유지할 것인가다.

화장실에 네 개의 칸이 있다고 가정해보자. 처음에는 네 칸 모두 사용할 수 있다. 이때 한 사람이 들어가서 화장실 문을 잠가버리면 그 칸은 다른 사람이 이용하지 못하는 상태가 된다. 물론 나머지 세 개의 칸은 여전히 사용할 수 있다. 바로 이러한 경우가 DB에서는 '행 단위 잠금Row Level Lock'이라고 이해하면 된다.

어느 날 화장실로 들어오는 파이프 관이 파열되어 물이 단수되는 사고가 발생하였다. 다시 화장실을 사용하려면 파열된 파이프 관을 고쳐야만 한다. 화장실을 고치러 온 수리공은 제일 먼저 화장실 문 앞에 '수리 중'이라는 팻말을 올려놓고, 수리가 완료되기 전까지는 화장실을 이용하지 못하도록 제한한다. 화장실 칸을 사용할 수는 있지만 다른 사람이 사용하지 못하도록 수리공이 화장실 전체 칸을 선점해놓는 것이 바로 '테이블 단위 잠금Table Level Lock'과 비슷한 상태라고 이해하면 된다.

테이블 단위 잠금에서 특정 사용자가 데이터 입력/수정/삭제 작업을 수행하면 해당 테이블 전체에 잠금이 걸려 다른 사용자는 대기해야 한다. 따라서 테이블 변경 작업을 동시에 하면 성능이 상당히 저하된다.

이에 반해 행 단위 잠금은 변경하고자 하는 Row에만 락을 걸어 해당 Row를 제외한 다른 사용자의 데이터 변경 작업에 영향을 미치지 않는다. 테이블 단위 잠금과는 달리 테이블을 동시에 변경할 수 있다.

Primary Key[04]는 '클러스터 인덱스Cluster Index'[05]로 구성된다. 쉽게 풀어서 말하면 Primary Key 순서로 디스크에 저장되어 있다는 것을 의미한다. 그림 1-2처럼 Primary Key(주황색 칼럼)가 구성되어 있다면 실제 디스크에도 주황색 순서로 데이터가 저장되어 있다.

04 테이블의 식별자 역할을 하는 제약 조건으로 테이블에 하나만 설정할 수 있다.

05 클러스터 인덱스란 인덱스 순서로 데이터가 저장되어 있는 구조를 말한다.

그림 1-2 Primary Key를 이용한 클러스터 인덱스 구성

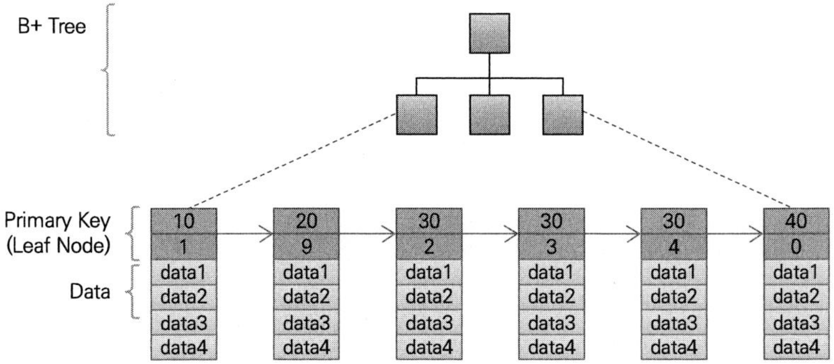


이 상태에서 Primary Key가 (21, 30)인 데이터가 유입되면 인덱스를 비교한 후 삽입된다. 이 경우 Primary Key가 20과 30인 데이터 중간에 삽입된다.

그림 1-3 Primary Key가 (21, 30)인 데이터가 유입된 경우의 클러스터 인덱스 구성

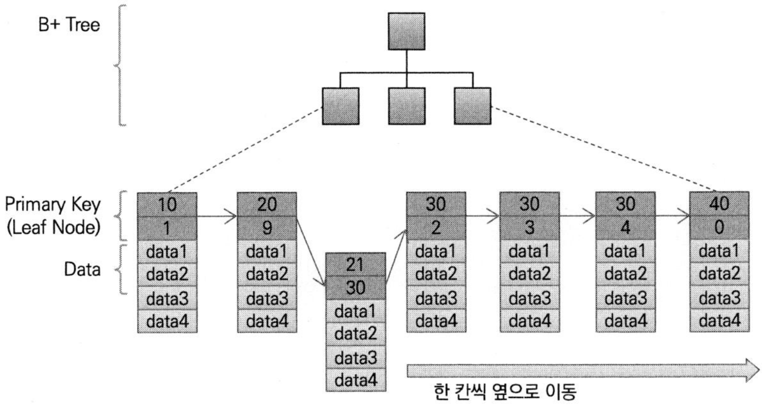


만약 Primary Key가 정의되어 있지 않으면 Unique Key[06]가 클러스터 인덱스로 구성된다. Primary Key와 Unique Key가 테이블 내에 정의되어 있지 않으면 내부

06 해당 칼럼에 입력되는 데이터가 유일하다는 것을 보장하기 위한 제약 조건이다. 한 테이블에 여러 개 설정할 수 있으며, Primary Key는 Unique Key에 포함된다.

적으로 6바이트 크기의 키를 만들어서 Primary Key로 사용한다. 물론 사용자가 볼 수 있는 키 값은 아니다. 하지만 MySQL의 데이터 복제Replication 기능을 사용하고 있는 중이라면 사용을 권고하지 않는다. 업데이트가 많은 서비스에서는 복제 데이터 동기화 지연이 발생할 수 있기 때문이다. Primary Key가 클러스터 인덱스로 구성되어 있기 때문에 데이터를 찾아가는 가장 빠른 경로는 Primary Key를 통해서 접근하는 것이다.

Primary Key 외의 보조 인덱스는 Primary Key를 값으로 가진다. 즉, 인덱스를 통해 Primary Key를 가져오고, 가져온 Primary Key로 실제 데이터에 접근한다. 이전 예제 그림에서 세 번째 칼럼에 인덱스를 추가했다고 생각해보자. 물론 인덱싱을 한 칼럼이 키가 된다. 여기서 재미있는 사실은 다른 DBMS와는 다르게 보조 인덱스는 Primary Key를 키에 상응하는 값으로 가진다는 것이다. InnoDB에서는 Primary Key가 데이터를 찾아가는 주요 값이기 때문에 보조 인덱스는 자연스럽게 Primary Key를 값으로 가지게 되는 것이다.

**그림 1-4** Primary Key를 이용한 InnoDB의 데이터 구성

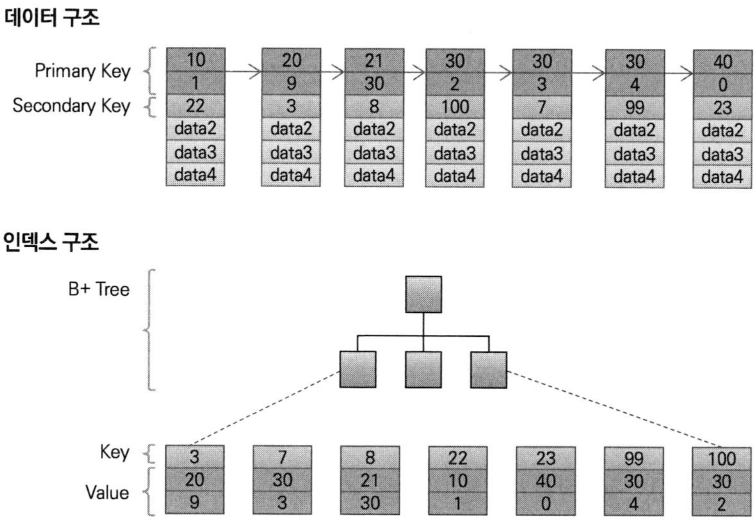

### 1.2.3 Archive 스토리지 엔진

로그 수집에 적합한 스토리지 엔진이다. 데이터가 메모리상에서 압축되고 압축된 상태로 디스크에 저장되기 때문에 행 단위 잠금이 가능하다. 단, 한 번 INSERT 된 데이터는 UPDATE와 DELETE를 사용할 수 없으며 인덱스를 지원하지 않는다. 모든 로그 수집에 적합한 엔진은 아니지만 원시 로그, 즉 가공이 한 번 필요한 데이터 수집에는 상당히 효율적이다. 테이블 파티셔닝도 지원하므로 일별 또는 월별로 데이터를 관리할 수 있다.

필자는 통계 서비스 기초 데이터를 백업할 때 Archive 스토리지 엔진을 사용하여 디스크 용량을 약 1/10 정도 절약한 적이 있다. 트랜잭션이 크게 중요하지 않은 통계 나 로그 분석 서비스의 기초 데이터 수집에 적합한 스토리지 엔진이다.

## 1.3 MySQL은 데이터를 어떻게 처리할까?

MySQL 쿼리를 최적화하기 전에 MySQL 쿼리 연산의 기본적인 특성에 대해서 살펴보자. 특성을 명확하게 알아야만 쿼리를 작성할 때 불필요한 연산을 최대한 줄일 수 있다.

### 1.3.1 MySQL에서는 모든 SQL을 단일 코어에서 처리한다

MySQL은 SQL을 병렬 처리하지 않는다. 3rd Party 스토리지 엔진을 설치하여 병렬 처리를 할 수는 있지만, 기본적인 스토리지 엔진은 단일 코어로만 데이터를 처리한다. 그림 1-5처럼 Core 2와 Core 4는 데이터를 처리하는 상태가 아니어도 다른 코어의 연산을 처리하지 않는다. 따라서 MySQL 입장에서는 CPU 코어 개수를 늘리는 Scale-Out 보다는 단위 처리량이 좋은 CPU로 Scale-Up 하는 것이 훨씬 좋다.

**그림 1-5** 단일 코어 처리

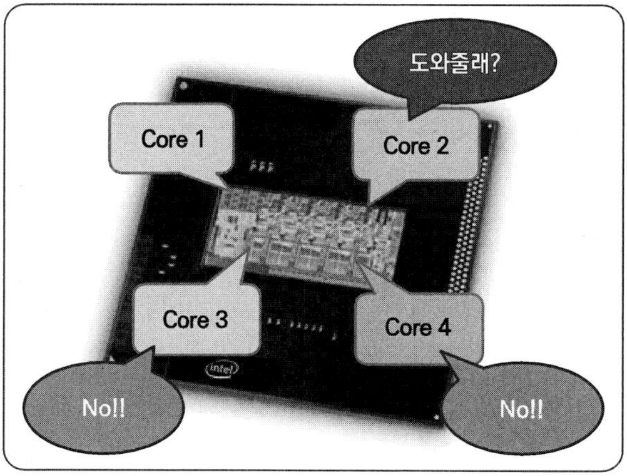


### 1.3.2 MySQL은 테이블 조인을 Nested Loop Join 알고리즘으로만 처리한다

Nested Loop Join은 선행 테이블 A의 조건 검색 결과값 하나하나를 테이블 B와 비교하여 조인하는 방식이다. 프로그램적으로 풀자면 for문 안의 for문과 유사하다. 결국 처리할 데이터가 적으면 수행 속도가 빠르지만 테이블 A나 테이블 B 중 하나라도 연산해야 할 데이터가 많아지면 쿼리 효율이 기하급수적으로 떨어진다.

다음은 Nested Loop Join 알고리즘의 유사 코드pseudo code다(Nested Loop Join으로 조인을 처리한다).

먼저 t1(①)은 '범위 스캔Range Scan'[07]으로 조인의 시작 데이터를 추출한다. t1에서 도출한 데이터는 t2의 인덱스(②)를 통해 연관된 데이터를 가져온다. 그리고 마지막으로 t3에서 데이터를 교체하는데, t3은 적당한 인덱스가 없는 경우에 실행된다. 이 경우 테이블 풀스캔을 하는데, t3 테이블에 있는 모든 데이터를 일일이 체크하고 적합한 데이터를 가져와서 최종적으로 클라이언트에 전달한다.

---

07 일정 범위에 있는 데이터를 추출하는 방법이다.

**알고리즘 1-1** Nested Loop Join 알고리즘
(출처: http://dev.mysql.com/doc/refman/5.5/en/nested-loop-joins.html)

```
for each row in t1 matching range {                    // ❶
  for each row in t2 matching reference key {          // ❷
    for each row in t3 {
      if row satisfies join conditions,
      send to client
    }
  }
}
```

여기서 중요한 것은 Nested Loop Join은 루프Loop문이 세 개 겹친 형태라는 것이다. 알고리즘 1-1처럼 데이터를 처리하면 매번 데이터 접근 요청을 해야 하기 때문에 상당히 비효율적이다. 앞에서 모든 조인을 Nested Loop Join으로만 처리한다고 했는데, DB 내부에서는 이것보다 한 단계 업그레이드된 'Block Nested Loop Join' 방식(조인 버퍼[08] 개념을 도입)으로 처리한다. 테이블 조인 시 필요한 데이터를 메모리에 일시적으로 저장하여 효율적으로 데이터에 접근한다.

**알고리즘 1-2** Block Nested Loop Join 알고리즘
(출처: http://dev.mysql.com/doc/refman/5.5/en/nested-loop-joins.html)

```
for each row in t1 matching range {
  for each row in t2 matching reference key {
    store used columns FROM t1, t2 in join buffer
    if buffer is full {
      for each row in t3 {
        for each t1, t2 combination in join buffer {
          if row satisfies join conditions,
            send to client
```

08 조인 버퍼Join Buffer는 Nested Loop로 테이블에 접근하기보다는 조인이 필요한 데이터들을 버퍼에 채우고 한 번에 테이블에 접근하여 조인을 효율적으로 개선한 방법이다.

```
        }
      }
      empty buffer
    }
  }
}

if buffer is not empty {
  for each row in t3 {
    for each t1, t2 combination in join buffer {
      if row satisfies join conditions,
      send to client
    }
  }
}
```

그림 1-6을 이용하여 Block Nested Loop Join을 간단하게 설명하겠다. 다음과 같은 쿼리가 요청됐다고 가정해보자.

```
SELECT a.r1, b.r2
FROM TABEL_A a
INNER JOIN TABLE_B ON a.r1 = b.r2
```

그림 1-6 Block Nested Loop Join의 데이터 처리

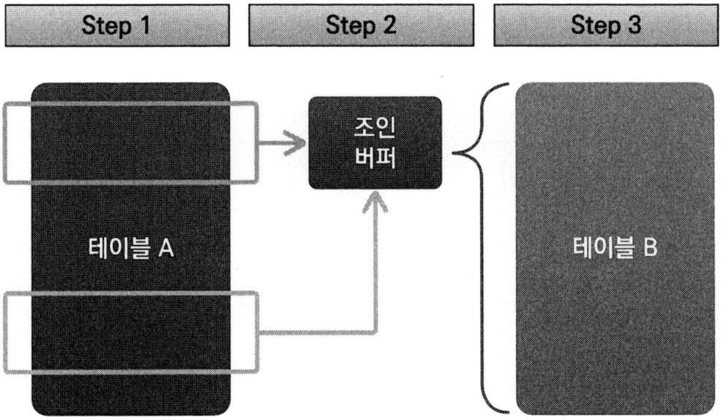


먼저 테이블 A에서 조인할 데이터 대상을 찾는다(Step 1). 그리고 테이블 A에 있는 조인할 데이터를 조인 버퍼가 가득 찰 때까지 채운다(Step 2). 그림 1-6에서는 연두색 사각형이 조인 버퍼를 가득 채우는 데이터 양이다.

Step 2의 조인 버퍼가 가득 채워지면 테이블 B의 데이터를 스캔하면서 조인 버퍼에 있는 데이터와 매칭되는지 체크한다. 만약 데이터가 일치하면 조인 결과값으로 내보낸다. 테이블 B의 데이터를 스캔할 때는 테이블 풀스캔, 인덱스 풀스캔, 인덱스 범위 스캔 등으로 데이터에 접근한다. 즉, 테이블의 인덱스 구조 혹은 쿼리 형태에 따라 다양하게 접근한다.

조인 버퍼 안의 모든 데이터를 비교하는 첫 번째 과정이 종료되면 조인 버퍼를 비우고 노란색 부분에 해당하는 데이터 연산을 동일하게 시작한다. 이러한 과정은 조인 버퍼에 더 이상 데이터를 채울 수 없는 시점, 즉 테이블 A 조건에 해당하는 데이터를 모두 처리할 때까지 반복해서 수행한다. 여기서 테이블 B의 스캔하는 횟수는 '조인 버퍼에 데이터가 적재되는 횟수'와 동일하다.

MySQL에서는 단일 코어에서 Nested Loop Join 방식으로 데이터를 처리한다는

것을 꼭 기억하기 바란다.

지금까지는 MySQL을 사용하기에 앞서 반드시 알고 있어야 할 특성에 대해서 정리를 하였다. 2장에서 쿼리 프로파일링에 대해서 알아본 후에 3장부터는 실제 사례를 바탕으로 MySQL을 잘 활용할 수 있는 팁을 설명하겠다.

# 2 | 쿼리 성능 진단은 최적화의 기초

## 2.1 쿼리 실행 계획에 대해서 알아보자

성능 진단의 가장 첫걸음은 실행한 SQL이 DB에서 어떻게 처리되는지를 파악하는 것이다. 사람이 이해할 수 있는 언어로 구성된 SQL을 실행하도록 DB에 명령을 내리면 DB는 내부적으로 SQL 파싱(SQL 문법 체크 및 DB에서 실행하기 위한 형태로 변환하는 단계)을 하고 옵티마이징(데이터를 찾는 가장 빠른 방법을 찾아내는 단계)을 거친 후 실제로 데이터를 찾는다. 사용자가 느끼기에는 SQL만으로 모든 조작이 이루어지는 것처럼 보이나 실제로는 조금이라도 빠르게 데이터를 찾아내기 위해 DB 내부적으로는 의외로 많은 단계를 거친다.

쿼리 실행 계획이란 DB가 데이터를 찾아가는 일련의 과정을 사람이 알아보기 쉽게 DB 결과셋으로 보여주는 것이다. 쿼리 실행 계획을 활용하여 기존의 쿼리를 튜닝할 수 있을 뿐만 아니라 성능 분석, 인덱스 전략 수립 등과 같이 성능 최적화에 대한 전반적인 업무를 처리할 수 있다.

그렇다면 쿼리 실행 계획은 어떻게 해야 할까? 방법은 간단하다. 실행할 쿼리 앞에 EXPLAIN만 붙여주면 된다.

```
EXPLAIN [EXTENDED]
SELECT .. FROM .. WHERE ..
```

실행 결과는 다음과 같은 형태로 출력된다.

```
+----+------------+-------+------+---------------+----------+---------+-------+------+------+
| ID | Select_type| Table | Type | Possible_keys| Key      | Key_len | Ref   | Rows | Extra|
+----+------------+-------+------+---------------+----------+---------+-------+------+------+
|  1 | SIMPLE     | tab   | ref  | ix_column    | ix_column| 4       | const | 1    |      |
+----+------------+-------+------+---------------+----------+---------+-------+------+------+
1 row in set, 1 warning (0.00 sec)
```

각 항목에 대한 자세한 설명은 잠시 후에 하겠다. 눈치 빠른 독자는 쿼리 실행 계획을 사용하는 예에서 'EXTENDED'라는 구문을 눈여겨보았을 것이다. 이는 실제 DB에서 처리되는 최종 SQL 형태를 보여주기 위한 명령어다. 'EXPLAIN EXTENDED'로 쿼리 실행 계획을 출력하면 위와 같은 형태로 출력되나 warning이 한 개 떠 있다.

이 상태에서 'SHOW WARNINGS\G' 쿼리를 치면 결과로 다음과 같은 쿼리가 출력된다. 이것이 바로 DB가 내부적으로 이해한 최종적인 형태다.

```
SHOW WARNINGS\G
*************************** 1. row ***************************
Level: Note
Code: 1003
Message: select `db`.`tab`.`j` AS `j` .. from `db`.`tab` where `db`.`tab`.`k` =
1
```

EXPLAIN EXTENDED는 실행한 쿼리가 실제 DB 내부적으로 어떻게 처리되는지를 알고자 할 때 유용한 명령어다. 그렇다면 실행 계획 결과를 어떻게 이해하면 될까?

읽는 순서는 두 가지다. 첫째, 동일한 아이디(그림 2-1의 왼쪽 노란 상자)끼리는 위에서 아래 방향으로 향한다. 둘째, 위에서 아래로 향하는 도중 table 항목에

〈drived번호〉 항목을 만나면 번호에 해당하는 ID로 가서 첫 번째 단계를 수행한 후 돌아와서 나머지를 수행한다.

**그림 2-1** 실행 계획 결과를 읽는 순서

```
+---------+---------------+------------+
| ID      | Select_type   | Table      |
+---------+---------------+------------+
|       1 | PRIMARY       | c          |
|       1 | PRIMARY       | 〈derived2〉 |
|       1 | PRIMARY       | d          |
|       2 | DERIVED       | clients    |
+---------+---------------+------------+
```

그렇다면 쿼리 실행 계획의 각 항목이 의미하는 내용은 무엇일까? 간단히 표 2-1과 같이 정리할 수 있다.

**표 2-1** 결과의 각 항목별 의미

| 구 분 | 설 명 |
|---|---|
| ID | Select 아이디로 Select를 구분하는 번호 |
| Select_type | Select에 대한 타입 |
| Table | 참조하는 테이블 |
| Type | 조인 혹은 조회 타입 |
| Possible_keys | 데이터를 조회할 때 DB에서 사용할 수 있는 인덱스 리스트 |
| Key | 실제로 사용할 인덱스 |
| Key_len | 실제로 사용할 인덱스의 길이 |
| Ref | Key 안의 인덱스와 비교하는 칼럼(상수) |
| Rows | 쿼리 실행 시 조사하는 행 수 |

| | |
|---|---|
| Extra | 추가 정보 |

여러 개의 항목 중 Select_type, Type, Extra에 대해서는 조금 더 자세히 알아보자. Select_type은 여러 가지 항목이 올 수 있지만 대부분은 다음 네 가지 중 하나가 온다.

**표 2-2** Select_type의 의미

| 구 분 | 설 명 |
|---|---|
| **SIMPLE** | UNION이나 서브쿼리가 없는 단순 SELECT를 의미한다. |
| **PRIMARY** | 서브쿼리가 있을 때 가장 바깥쪽에 있는 SELECT다.<br>ex) SELECT * FROM (<br>SELECT * FROM tab01<br>) sub |
| **DERIVED** | FROM절 안의 서브쿼리다.<br>ex) SELECT * FROM (<br>SELECT * FROM tab01<br>) sub |
| **DEPENDENT SUBQUERY** | 외부 쿼리와 상호 연관된 서브쿼리다.<br>ex) SELECT * FROM tab01 t1<br>WHERE EXISTS (<br>SELECT 1 FROM tab02 t2<br>WHERE t2.t1_id = t1.id<br>) |

Type은 조인 혹은 조회 시 어떤 방식으로 데이터를 가져오는지에 대한 내용이다.

**표 2-3** Type의 의미

| 구 분 | 설 명 |
|---|---|
| **system** | 테이블에 단 한 개의 데이터만 있는 경우 |

| | |
|---|---|
| **const** | SELECT에서 Primary Key 혹은 Unique Key를 상수로 조회하는 경우로, 많아야 한 건의 데이터만 있음 |
| **eq_ref** | 조인을 할 때 Primary Key 혹은 Unique Key로 매칭하는 경우 |
| **ref** | 조인을 할 때 Primary Key 혹은 Unique Key가 아닌 Key로 매칭하는 경우 |
| **ref_or_null** | ref와 같지만 NULL이 추가되어 검색되는 경우 |
| **index_merge** | 두 개의 인덱스가 병합되어 검색이 이루어지는 경우 |
| **unique_subquery** | 다음과 같이 IN절 안의 서브쿼리에서 Primary Key가 오는 특수한 경우<br>ex) SELECT * FROM tab01<br>    WHERE col01 IN (<br>        SELECT Primary_Key FROM tab01<br>    ) |
| **index_subquery** | unique_subquery와 비슷하나 Primary Key가 아닌 일반 인덱스인 경우<br>ex) SELECT * FROM tab01<br>    WHERE col01 IN (<br>        SELECT Key01 FROM tab02<br>    ) |
| **range** | 특정 범위 내에서 인덱스를 사용하여 원하는 데이터를 추출하는 경우로, 데이터가 방대하지 않다면 단순 SELECT에서는 나쁘지 않다. |
| **index** | 인덱스를 처음부터 끝까지 찾아서 검색하는 경우로, 일반적으로 인덱스 풀스캔이라고 한다. |
| **all** | 테이블을 처음부터 끝까지 검색하는 경우로, 일반적으로 테이블 풀스캔이라고 한다. |

성능은 위에서 아래로 내려올수록 좋지 않다. 단, range에서 조회 데이터 건수가 많지 않다면 성능이 나쁘다고 볼 수 없다. 그림 2-2에서 초록색/파란색 상태라면 쿼리가 나쁘지 않은 상태라고 볼 수 있다.

**그림 2-2** 쿼리 상태도

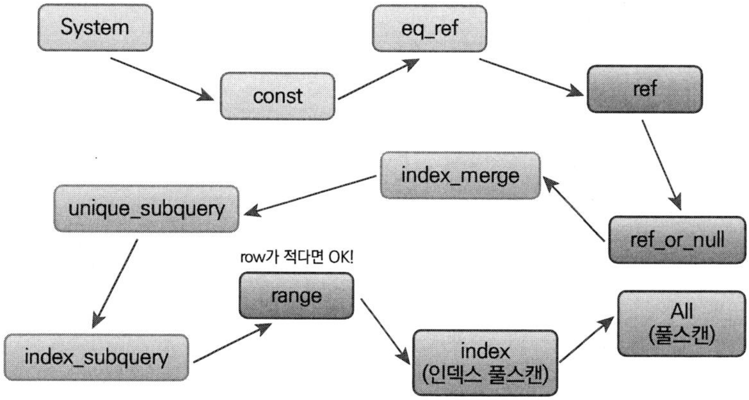


Extra 항목은 MySQL의 쿼리 실행에 대한 추가적인 정보를 보여준다. 여러 항목 중 성능과 직접적인 관련이 있는 다음 네 가지를 이해하자.

**표 2-4** Extra의 의미

| 구 분 | 설 명 |
|---|---|
| Using Index | 커버링 인덱스라고도 하며 인덱스 자료 구조를 이용해서 데이터를 추출한다. |
| Using Where | Where 조건으로 데이터를 추출한다. Type이 ALL 혹은 Index 타입과 함께 표현되면 성능이 좋지 않다는 의미다. |
| Using Filesort | 데이터 정렬이 필요한 경우로, 메모리 혹은 디스크상에서의 정렬을 모두 포함한다. 결과 데이터가 많은 경우 성능에 직접적인 영향을 미친다. |
| Using Temporary | 쿼리 처리 시 내부적으로 Temporary Table이 사용되는 경우를 의미한다. |

일반적으로 데이터가 많은 경우 Using Filesort와 Using Temporary 상태는 좋지 않으며 반드시 쿼리 튜닝이 필요하다.

쿼리 실행 계획에 대한 자세한 내용은 다음 매뉴얼을 참고하기 바란다.

- http://dev.mysql.com/doc/refman/5.5/en/explain-output.html

## 2.2 쿼리 프로파일링을 이해하자

쿼리를 처리할 때 DB 내부적으로는 Open Table/Close Table, Optimizing, Sending Data 등을 비롯해 여러 단계를 거치며 최종적으로 데이터를 찾아낸다. 2.1절에서는 쿼리 실행 시 DB가 데이터를 찾아가는 일련의 과정에 대해서 설명했다면 여기에서는 실제 쿼리 실행 시 병목이 되는 부분을 찾아낼 수 있는 방법에 대해서 설명한다.

다음과 같이 프로파일링 관련 세션 변수를 활성화한 후 쿼리를 실행하면 프로파일된 정보를 확인할 수 있다.

```
SET PROFILING = 1;
SELECT * FROM tab;
SHOW PROFILE;
```

```
+--------------------+----------+
| Status             | Duration |
+--------------------+----------+
| starting           | 0.000052 |
| opening tables     | 0.000054 |
| system lock        | 0.000003 |
| table lock         | 0.000009 |
| init               | 0.000010 |
| optimizing         | 0.000008 |
| statistics         | 0.000015 |
| preparing          | 0.000012 |
| executing          | 0.000111 |
| sending data       | 0.000021 |
```

```
¦ end                  ¦ 0.000005 ¦
¦ query end            ¦ 0.000004 ¦
¦ closing tables       ¦ 0.000003 ¦
¦ removing tmp table   ¦ 0.000007 ¦
¦ closing tables       ¦ 0.000004 ¦
¦ freeing items        ¦ 0.000016 ¦
¦ logging slow query   ¦ 0.000003 ¦
¦ cleaning up          ¦ 0.000003 ¦
+--------------------+----------+
```

가장 최근에 실행한 쿼리에 대한 프로파일링 정보가 나온다. 프로파일링 세션 활성화 이후 실행된 쿼리 리스트를 확인하려면 다음과 같이 명령어를 실행하면 된다.

```
SHOW PROFILES;
```

특정 쿼리에 대한 프로파일링 정보를 확인할 수 있다.

```
+----------+------------+-------------------+
¦ Query_ID   ¦ Duration   ¦ Query              ¦
+----------+------------+-------------------+
¦        1   ¦ 0.00034000 ¦ show databases     ¦
¦        2   ¦ 0.00012400 ¦ select DATABASE() ¦
¦        3   ¦ 0.00033700 ¦ show tables        ¦
¦        4   ¦ 0.00033700 ¦ select 1 from tab ¦
+----------+------------+-------------------+
```

리스트 중 확인하고 싶은 쿼리 번호를 다음과 같이 실행하면 특정 쿼리에 대한 프로파일링 정보를 확인할 수 있다.

```
SHOW PROFILE FOR QUERY 3;
```

```
+-------------------+----------+
| Status            | Duration |
+-------------------+----------+
| starting          | 0.000044 |
| opening tables    | 0.000030 |
| system lock       | 0.000006 |
| table lock        | 0.007915 |
| query end         | 0.000008 |
| closing tables    | 0.000003 |
| freeing items     | 0.000017 |
| logging slow query| 0.000004 |
| cleaning up       | 0.000003 |
+-------------------+----------+
```

물론 오라클Oracle 같은 상용 DBMS보다는 프로파일링 정보가 상세하지는 않지만 어느 부분에서 병목이 있는지를 대략적으로 알 수 있다. 프로파일링 결과에서 Sending data(스토리지 엔진에서 DB 엔진으로 쿼리를 보내는 단계) 부분이 오래 걸린 것으로 나왔다면 스토리지 엔진이 DB 엔진으로 데이터를 적게 보내도록 쿼리를 튜닝한다.

```
<수정 전>                                                    <수정 후>
+-------------------+----------+   +-------------------+----------+
| Status            | Duration |   | Status            | Duration |
+-------------------+----------+   +-------------------+----------+
| starting          | 0.000129 |   | starting          | 0.000183 |
| opening tables    | 0.000015 |   | opening tables    | 0.000030 |
| system lock       | 0.000007 |   | system lock       | 0.000006 |
| table lock        | 0.000009 |   | table lock        | 0.000151 |
| init              | 0.000071 |             ...중략...
| optimizing        | 0.000033 |   | statistics        | 0.000098 |
| statistics        | 0.000117 |   | preparing         | 0.000042 |
| preparing         | 0.000027 |   | executing         | 0.000006 |
| executing         | 0.000009 |   | sorting result    | 0.110762 |
| sending data      | 7.956763 |   | sending data      | 0.203739 |
| end               | 0.000039 |   | init              | 0.000083 |
| query end         | 0.000007 |             ...중략...
```

```
| freezing items       | 0.000026 |      | closing tables       | 0.000006 |
| logging slow query   | 0.000009 |      | removing tmp table   | 0.000008 |
| cleaning up          | 0.000010 |      | cleaning up          | 0.000009 |
+----------------------+----------+      +----------------------+----------+
```

지금까지 MySQL을 사용하기에 앞서 반드시 알고 있어야 할 MySQL의 특성에 대해서 정리를 하였다. 이제 실제 MySQL을 활용할 수 있는 팁에 대해서 알아보자.

# 3 | WHERE 조건 이해

## 3.1 묵시적 형변환 함정에 빠지지 말자

서비스 쿼리를 작성하다 보면 이상은 없는데 성능이 이상하게 좋지 않은 때가 있다. 명시적으로 쿼리 내용을 볼 수 있다면 괜찮겠지만 애플리케이션에서 변수를 바인딩하여 SQL을 실행한다면 성능이 안 좋은 이유를 찾기가 더욱 어렵다.

이번 장에서는 묵시적 형변환이 발생하여 테이블을 처음부터 끝까지 전부 체크해야 하는 테이블 풀스캔에 따른 현상을 방지하기 위한 팁에 대해서 설명할 것이다. 이것은 MySQL은 물론 오라클에서도 반드시 주의해야 하는 팁이다.

### 3.1.1 묵시적 형변환이란?

묵시적 형변환이란 조건절의 데이터 타입이 다를 때 우선순위가 높은 타입으로 형이 내부적으로 변환되는 것을 말한다. 정수 타입이 문자열 타입보다 우선순위가 높다. 만약 문자열과 정수값을 비교하는 쿼리가 들어오면 두 개의 칼럼 중 우선순위가 낮은 문자열은 자연스럽게 정수 타입으로 형변환되어 처리된다.

형변환은 언제든지 발생할 수 있다. 하지만 묵시적 형변환이 일어나는 대상이 인덱스 필드라면 어떨까? 조건절을 처리하기 위해 모든 데이터를 묵시적으로 형변환하기 때문에 테이블 풀스캔을 할 수밖에 없으며, 이 경우 성능이 심각하게 저하된다.

### 3.1.2 테스트 데이터 생성

간단한 테스트를 수행하기 위해 데이터를 다음과 같이 정수형, 문자열, 날짜 타입 칼럼이 있는 테이블을 생성한다.

```
## 테이블 생성
CREATE TABLE test (
  i int unsigned NOT NULL auto_increment,
  j int unsigned NOT NULL,
  s varchar(64) NOT NULL,
  d datetime NOT NULL,
  primary key(i)
);

## 인덱스 추가
ALTER TABLE test ADD key(j), ADD key(s), ADD key(d);
```

테이블을 생성하였으니 이제 테스트할 데이터를 만들어보자. MySQL의 rand() 함수로 정수, 문자열, 날짜 데이터를 생성하여 테스트 테이블에 넣을 것이다. 먼저 테스트 테이블에 데이터 한 건을 다음과 같이 추가한다.

```
INSERT INTO test (j, s, d)
values
(
    crc32(rand()),
    crc32(rand())*12345,
    date_add(now(), interval -crc32(rand())/5 second)
);
```

그리고 다음과 같은 쿼리를 17번 실행하면 테이블에는 131,072 건의 데이터가 저장된다. 더 많은 데이터를 테스트하기 원한다면 몇 번 더 실행하면 된다.

```
INSERT INTO test (j, s, d)
SELECT
    crc32(rand()),
    crc32(rand()) * 12345,
    date_add(now(), interval -crc32(rand())/5 second)
FROM test;
```

테스트 환경은 간단하게 구성하였다. 이제 테스트할 데이터를 한 건 무작위로 가져온다.

```
SELECT * FROM test ORDER BY rand() LIMIT 1;
```

무작위로 데이터를 생성하였기 때문에 위 쿼리 실행 결과가 다음과 같지 않을 수도 있으므로 각자의 결과 데이터로 테스트를 진행한다.

**실행 결과 3-1** "SELECT * FROM test ORDER BY rand() LIMIT 1;"의 실행 결과

```
Mysql> SELECT * FROM test ORDER BY rand() LIMIT 1;
+---------+-----------+--------------+---------------------+
| i | j         | s          | d             |
+---------+-----------+--------------+---------------------+
| 187831    | 1080677857 | 6130532098485  | 1990-11-14 21:55:01  |
+---------+-----------+--------------+---------------------+
```

### 3.1.3 정수형 칼럼을 문자열 조건으로 검색

실행 결과 3-1의 테이블에서 j는 정수 타입이다. 다음은 칼럼이 정수형인 상태에서 문자열로 조건을 주었을 때 쿼리 실행 계획의 결과다. 필요한 부분만 발췌하였다.

```
EXPLAIN
SELECT * FROM test
WHERE j = '3835333344';
+----+-------+------+------+---------+-----+-------+
| ID     | Table | Type | Key  | Key_len | Rows | Extra |
+----+-------+------+------+---------+-----+-------+
|  1| test        | ref  | j    | 4         |     1 |         |
+----+-------+------+------+---------+-----+-------+
```

정수형이 우선순위가 높기 때문에 문자열 조건값은 묵시적으로 정수형으로 형변환되어 실행 시 큰 문제 없이 신속하게 결과를 얻을 수 있다.

### 3.1.4 문자열 칼럼을 정수 조건으로 검색

이번에는 칼럼이 문자열일 때 정수형 데이터 값으로 조회하는 테스트를 해보겠다. s 칼럼이 문자열 칼럼이므로 이를 검색한다.

```
EXPLAIN
SELECT * FROM test
WHERE s = 17424528721665;
+----+-------+------+------+---------+--------+
| ID     | Table | Type | Key  | Key_len | Rows    |
+----+-------+------+------+---------+--------+
|  1| test        | ALL   | NULL | NULL      | 131276 |
+----+-------+------+------+---------+--------+
```

s 칼럼에 인덱스가 있으므로 일반적으로는 빠른 처리를 기대하겠지만 묵시적인 형변환이 발생하여 테이블 풀스캔을 하며 성능이 크게 저하된다. 위 테이블 데이터는 많지 않기 때문에 수행 속도가 느리지 않지만 천만 건 이상의 많은 데이터가 있는 DB라면 성능에 치명적일 것이다.

만약 파라미터 바인딩을 사용해서 문자열 칼럼에 정수형을 넣으면 소스 코드만 보고서는 묵시적 형변환이 발생한 위치를 파악하기가 어렵다. 물론 MySQL에서는 'SHOW PROCESSLIST' 명령을 수행하면 바인딩된 변수값까지 나오지만 경우에 따라서는 찾기가 상당히 난해하다. 다음과 같은 경우를 예로 들 수 있다.

```
String sql = "SELECT * FROM test WHERE s = ?";
PreparedStatement pstmt = conn.prepareStatement(sql);
pstmt.setInt(1, 2406525903);
```

사실 이것저것 생각하기 싫다면 MySQL에서 무조건 문자열 조건으로 질의해도 큰 문제는 없다. 어차피 정수형이 문자열보다 우선순위가 높아 문자열은 묵시적 형변환되기 때문이다. 하지만 다른 DBMS로 데이터를 이관할 때 문제가 생길 수도 있다. 필자는 오라클에서 PostgreSQL로 데이터를 이관한 적이 있는데, DB 상의 데이터 타입과 바인딩되는 데이터 타입이 맞지 않으면 예외 처리되었다(물론 DB가 아닌 클라이언트 쪽에서 발생한 예외다).

때로는 예기치 않은 결과값이 나올 수도 있다. 특히 문자열 사이에 보이지 않는 문자가 포함된 경우에는 문제를 찾기도 어렵다. 그러므로 묵시적 형변환 함정에 빠지지 말고 반드시 조건절에는 칼럼 타입을 맞춰서 질의하기를 강력하게 권한다.

## 3.2 편리한 함수, 잘못 쓰면 성능에 독이 된다

대부분의 DBMS에서는 함수 기능을 제공한다. 내장 함수뿐만 아니라 사용자 정의 함수[01]도 제공한다. 함수는 복잡한 연산을 사람이 알아보기 쉽고 사용하기 편리하지만 잘못 쓰면 불필요한 시스템 부하를 야기한다. SQL을 논리적으로 작성하는 것도 중요하지만 DBMS가 이해하기 쉽게 SQL을 작성하는 것도 DB 튜닝에 중요하다.

---

01 프로그램 안에서 사용자가 임의로 정의하여 연산 명령문으로 사용하는 함수다.

여기서는 편리하게 사용했던 함수가 오히려 시스템 성능에 안 좋은 영향을 준 사례를 알아보겠다.

다음은 특정 날짜, 특정 시간에 사용자별 접속 통계를 추출하는 쿼리다. 2012년 08월 18일 오후 6시부터 오후 9시까지 접속한 내용을 사용자별로 추출한다.

```
SELECT userid, count(*) AS cnt
FROM user_access_log
WHERE DATE_FORMAT(reg_date, '%Y%m%d') = '20120818'
   AND DATE_FORMAT(reg_date, '%H') >= '18'
   AND DATE_FORMAT(reg_date, '%H') < '21'
GROUP BY userid;
```

위와 같이 쿼리를 작성하면 어떤 목적의 쿼리인지를 쉽게 알아볼 수 있다. 그러나 DB 내부적으로 테이블 풀스캔을 수행할 수밖에 없다. 설령 적절한 인덱스 또는 테이블 파티셔닝이 적용되어 있을지라도 말이다. 옵티마이저는 칼럼의 분포도를 기준으로 데이터를 추출하는 가장 빠른 방법을 도출한다. 그런데 위 쿼리와 같이 reg_date 칼럼 검색 시 DATE_FORMAT 함수를 사용하면 옵티마이저는 reg_date와 연관된 데이터 분포도를 알 수 없게 된다. DATE_FORMAT 함수로 인해 변경될 결과값을 옵티마이저가 예상하지 못하기 때문이다. 물론 인덱스가 없는 경우에도 시스템적으로 부하가 있기는 마찬가지다. DATE_FORMAT 함수를 쓸데없이 많이 호출하기 때문이다.

결국 user_access_log 테이블에 데이터가 누적될수록 성능은 비약적으로 나빠진다. 그렇다면 위 쿼리를 다음처럼 변경해보면 어떨까?

```
SELECT userid, count(*) AS cnt
```

```
FROM user_access_log
WHERE reg_date >= '2012-08-18 18:00:00'
   AND reg_date <  '2012-08-18 21:00:00'
GROUP BY userid;
```

불필요한 함수를 없애고 원하는 시간 사잇값만 가져오도록 쿼리를 다시 작성하였다. reg_date에 인덱스가 있거나 reg_date에 파티셔닝을 적용하면 빠르게 필요한 데이터에 접근하여 데이터를 가져온다.

DBMS 종류를 떠나서 필드에서 개발하는 분들이 많이 실수하는 부분이다. 필자 역시 처음에는 별생각 없이 사용하였다.

함수를 쓰면 머릿속에 있는 내용을 쉽게 쿼리로 풀어쓸 수 있겠지만, 이를 DB가 알아듣기 쉬운 언어로 조금만 변환해준다면 불필요한 시스템 부하는 발생하지 않을 것이다. 사소한 부분부터 조금이라도 DB 입장에서 SQL을 작성하여 DB의 성능을 향상시키기 바란다.

## 3.3 LIKE 검색을 아무 때나 써야 하나?

데이터를 조회할 때 특정 단어가 들어 있는 데이터를 검색하기 위해 LIKE 검색을 사용한다. LIKE 검색은 상당히 편리하지만 대용량 테이블인 경우에는 위험하다.

LIKE 검색은 '%' 문자 위치에 따라 다르게 수행된다. [col LIKE 'abc%']이면 abc로 시작하는 문자를 조회한다. [col LIKE '%abc%']이면 abc를 포함한 데이터를 가져온다. 그리고 [col LIKE '%abc']는 abc로 끝나는 데이터를 가져온다.

LIKE 검색 시 '%' 위치에 따라서는 칼럼에 해당 인덱스가 있을지라도 의미가 없을 수도 있다. 그림 3-1과 같이 DB의 자료는 인덱스 키 값 순서로 정렬, 관리되므로 중간 또는 뒷부분부터 검색하면 인덱스의 의미가 없어진다.

**그림 3-1** 인덱스의 의미가 없는 DB의 자료 구조

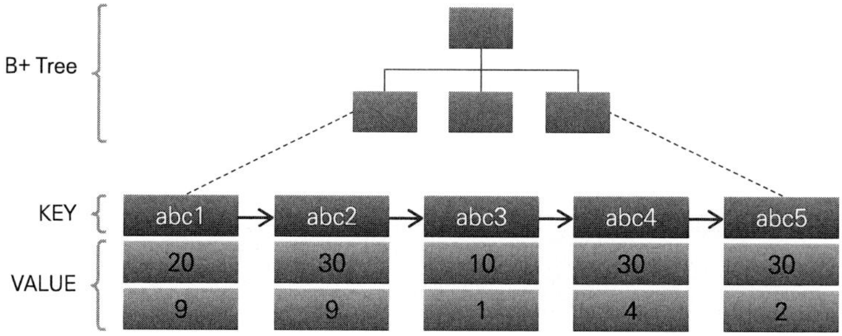


이전 섹션에서 만든 테이블을 이용하여 간단히 LIKE 검색 성능을 알아볼 것이다. 테이블 칼럼 구조는 다음과 같다. LIKE 검색이므로 문자열 기준으로 테스트해야 하며, 여기서는 s 필드다.

```
+-------+-------------------+------+-----+
| Field | Type              | Null | Key |
+-------+-------------------+------+-----+
| i     | int(10) unsigned  | NO   | PRI |
| j | int(10) unsigned      | NO   | MUL |
| s | varchar(64)           | NO   | MUL |
| d     | datetime          | NO   | MUL |
+-------+-------------------+------+-----+
```

### 3.3.1 LIKE 'xxx%' 테스트

[LIKE 'xxx%']는 인덱스가 있으면 해당 인덱스를 사용하여 쿼리가 빠르게 처리된다. 테스트 실행 계획은 다음과 같다.

```
EXPLAIN
SELECT * FROM test WHERE s LIKE '1311%';
+----+-------+-------+------+---------+------+
```

```
¦ ID ¦ Table ¦ Type  ¦ Key  ¦ Key_len ¦ Rows ¦
+----+-------+-------+------+---------+------+
¦  1 ¦ test  ¦ range ¦ s    ¦ 130     ¦   24 ¦
+----+-------+-------+------+---------+------+
```

정상적으로 인덱스를 잘 활용하며 결과 또한 빠르게 나온다. 즉, LIKE로 데이터를 검색하더라도 뒷부분에 %를 붙이면 인덱스를 적절하게 활용할 수 있다.

그렇다고 무조건 인덱스를 잘 활용할까? 다른 경우를 테스트해보자.

```
EXPLAIN
SELECT * FROM test WHERE s LIKE '1%';
+----+-------+------+-----+--------+-------+
¦ ID      ¦ Table ¦ Type  ¦ Key  ¦ Key_len ¦ Rows    ¦
+----+-------+------+-----+--------+-------+
¦  1¦ test         ¦  ALL  ¦ NULL ¦ NULL     ¦ 131072 ¦
+----+-------+------+-----+--------+-------+
```

앞과 동일한 쿼리지만 LIKE 조건을 '1311%'에서 '1%'로 변경했을 뿐인데, 테이블 풀스캔으로 변경되었다. 왜 그럴까?

대부분의 DBMS에는 옵티마이저가 있다. 옵티마이저는 데이터 분포도를 따져서 내부적으로 SQL을 최적으로 처리한다. 앞의 예제는 1로 시작하는 데이터 비율이 전체적으로 20% 이상을 차지하므로, 인덱스를 읽고 다시 데이터 파일로 가는 것보다 처음부터 전체 데이터를 읽고 필요한 데이터를 선별하는 것이 더 빠르다고 옵티마이저가 판단했기 때문에 풀스캔을 한 것이다.

인덱스는 데이터가 위치한 곳을 지칭한다. 인덱스도 데이터고 지칭하는 데이터로 찾아가려면 실 데이터에 대한 데이터를 다시 읽어야 하기 때문에 중복된 데이터 처리 비용보다는 테이블 풀스캔으로 접근하는 것이 훨씬 빠르다고 옵티마이저가 판단한 것이다.

다음은 1~9의 각 숫자로 시작되는 데이터의 비율이다.

```
SELECT left(s, 1) str, count(*) cnt
FROM test
GROUP BY left(s, 1);
+-----+-------+
| Str     | Cnt    |
+-----+-------+
| 1 | 27525        |
| 2       | 27460 |
| 3       | 27261 |
| 4       | 27652 |
| 5       | 10292 |
| 6       |  2692 |
| 7       |  2619 |
| 8       |  2839 |
| 9       |  2732 |
+-----+-------+
```

인덱스도 데이터라는 사실을 결코 잊지 말자.

### 3.3.2 LIKE '%xxx%' 테스트

인덱스는 순차적으로 비교되므로 당연히 테이블 풀스캔이 발생한다.

```
EXPLAIN
SELECT * FROM test WHERE s LIKE '%1311%';
+----+-------+-------+------+---------+--------+
| ID     | Table | Type  | Key  | Key_len | Rows    |
+----+-------+-------+------+---------+--------+
|  1     | test  |  ALL  | NULL | NULL     | 131072 |
+----+-------+-------+------+---------+--------+
```

### 3.3.3 LIKE '%xxx' 테스트

[LIKE '%xxx%']의 결과와 마찬가지로 테이블 풀스캔이 발생한다.

```
EXPLAIN
SELECT * FROM test WHERE s LIKE '%1311';
+----+-------+-------+-----+---------+--------+
| ID     | Table | Type   | Key   | Key_len | Rows    |
+----+-------+-------+-----+---------+--------+
|  1     | test  |  ALL   | NULL | NULL     | 131072 |
+----+-------+-------+-----+---------+--------+
```

물론 상용 DBMS에서는 함수 결과를 인덱스로 구성하는 '함수 기반 인덱스Function Based Index'[02]를 사용하여 위와 같은 요구 사항을 처리할 수 있다. 함수로 문자열을 거꾸로 만들어서 그 결과를 인덱스로 구성하면 된다.

하지만 MySQL에는 이러한 고급 기능이 아쉽게도 없다. 이러한 기능을 구현하려면 추가 인덱스 칼럼을 생성하고 트리거Trigger로 관리하면 된다. 트리거를 활용한 사례는 5.3절에서 살펴볼 것이다.

### 3.3.4 결론

LIKE 검색을 별생각 없이 사용하다 보면 DBMS 성능이 전체적으로 크게 저하된다. 그렇다고 이런 편리한 기능을 무조건 사용하지 않을 수는 없다. 다음과 같은 팁만 지켜도 LIKE 검색의 성능을 향상시킬 수 있다.

- LIKE 조건이 '검색어%'와 같이 검색어가 앞 단에 있다면 데이터 분포도를 따져서 수행한다.
- LIKE 조건이 '%검색어'와 같은 형태로 반드시 수행해야 한다면 LIKE 조건 이외의

---

02 인덱스가 생성될 칼럼에 산술 공식 또는 함수를 적용하여 생성한 인덱스다.

조건절을 적극 활용하여 LIKE 처리가 필요한 데이터 범위를 최대한 줄인다.

인덱스는 필요한 데이터를 지칭한다는 점에서 데이터에 접근하기 위한 효율적 요소인 것은 분명하다. 그러나 인덱스 또한 메모리를 차지하고, 디스크를 소모하며, CPU 연산이 필요한 데이터라는 것을 기억해야 한다. DB에서 처리하는 데이터 범위를 최대한 줄이는 것이 성능 최적화의 가장 기본적인 요소다. 이를 명심하자!

# 4 | SQL 레벨에서의 접근법

## 4.1 데이터 흐름을 이해하자

조인JOIN은 여러 테이블에서 하나의 결과를 가져올 수 있다는 점에서 편리하다. 그러나 무분별하게 조인을 사용하면 데이터가 누적됨에 따라 쿼리 성능이 점진적으로 저하된다. 다음 예제를 보자.

**예제 4-1** 조인 성능 테스트 예제

```
SELECT a.*,
       d.text_field AS text_field1,
       e.text_field AS text_field2
FROM tab01 a
   INNER JOIN tab02 b ON b.tab01_seq = a.seq
   INNER JOIN tab03 c ON c.tab02_seq = b.seq
   LEFT  JOIN tab04 d ON d.tab03_seq = c.seq
   LEFT  JOIN tab05 e ON e.tab03_seq = c.seq
WHERE a.status IN ( '01', '02')
   AND   b.status NOT IN ('99' )
   ORDER BY c.regdate, b.regdate DESC
   LIMIT 0, 20;
```

쿼리 실행 계획은 다음과 같다.

```
+----+------------+-------+-----------+------+----------------------------------+
| ID | Select_type| Table | Key       | Rows | Extra                            |
+----+------------+-------+-----------+------+----------------------------------+
| 1  | SIMPLE     | a     | NULL      | 8652 | Using where; Using temporary; Using filesort |
| 1  | SIMPLE     | b     | tab01_seq |    1 | Using where                      |
```

```
| 1  | SIMPLE      | c     | tab02_seq |    1 |                                  |
| 1  | SIMPLE      | d     | tab03_seq |    1 |                                  |
| 1  | SIMPLE      | e     | tab03_seq |    1 |                                  |
+----+-------------+-------+-----------+------+----------------------------------+
```

언뜻 보면 이상이 없어 보이지만 'ORDER BY' 구문을 처리하기 위해서 Temporary Table('임시 테이블'이라고 부름)[01]과 Filesort[02]가 발생한다. Temporary Table과 Filesort에서 처리되는 데이터 수가 적다면 큰 문제가 없겠지만 텍스트 혹은 대용량 데이터(LOB 데이터)와 같이 덩치가 큰 칼럼이 있다면 성능이 급격히 저하된다.

예제 4-1의 쿼리에서 데이터 처리를 위한 칼럼은 a.status, b.status, b.regdate, c.regdate 등 네 개다. 그러나 쿼리를 처리하는 동안에는 네 개의 칼럼 외에도 내부적으로 칼럼을 가지고 있다. text_field와 같은 칼럼은 사용자에게 보여주기 위한 데이터로, 데이터를 처리하는 단계에서는 굳이 필요 없다. 불필요한 칼럼이 조인 및 정렬에 연관되면 성능이 저하된다.

예제 4-1의 쿼리를 다음과 같이 변경해보자.

```
SELECT aa.*,
      dd.text_field AS text_field1,
      ee.text_field AS text_field2
FROM(
    SELECT a.seq tab01_seq, c.seq tab03_seq
    FROM tab01 a
    INNER JOIN tab02 b ON b.tab01_seq = a.seq
    INNER JOIN tab03 c ON c.tab02_seq = b.seq
    WHERE a.status IN ( '01', '02')
```

01 Temporary Table은 임시 데이터를 저장하는 테이블이다. 예를 들어 용량이 큰 리포트를 생성하는 동안 데이터를 잠시 저장하여 전용 데이터에 영향을 주지 않고 데이터를 처리할 수 있다.

02 결과 데이터를 ORDER BY에 맞게 정렬하는 것을 말한다.

```
    AND   b.status NOT IN ('99' )
    ORDER BY c.regdate, b.regdate DESC
    LIMIT 0, 20
) step01
INNER JOIN tab01 aa ON aa.seq = step01.tab01_seq
LEFT  JOIN tab04 dd ON dd.tab03_seq = step01.tab03_seq
LEFT  JOIN tab05 ee ON ee.tab03_seq = step01.tab03_seq;
```

쿼리 실행 계획은 다음과 같다.

```
+----+-------------+------------+-----------+------+-------------------------------+
| ID | Select_type | Table      | Key       | Rows | Extra                         |
+----+-------------+------------+-----------+------+-------------------------------+
|  1 | PRIMARY     | <derived2> | NULL      |   20 |                               |
|  1 | PRIMARY     | aa         | PRIMARY   |    1 |                               |
|  1 | PRIMARY     | dd         | tab03_seq |    1 |                               |
|  1 | PRIMARY     | ee         | tab03_seq |    1 |                               |
|  2 | DERIVED     | a          | NULL      | 8652 | Using where; Using temporary; Using ilesort|
|  2 | DERIVED     | b          | tab01_seq |    1 | Using where                   |
|  2 | DERIVED     | c          | tab02_seq |    1 |                               |
+----+-------------+------------+-----------+------+-------------------------------+
```

이번 쿼리 실행 계획은 앞의 예보다 복잡해 보인다. 그러나 조인에 필요한 데이터만 서브쿼리에서 유지하고 결과값 20건으로만 외부에서 다시 조인하기 때문에 데이터 연산에 반드시 필요한 데이터만 메모리에서 먼저 연산한다.

테이블 사이즈가 횡적으로 거대(단일 Row 크기가 큰 경우)하다면 쿼리 성능은 크게 향상된다. 다수의 조인을 피할 수 없다면 필요한 데이터만 가져와서 데이터를 처리하고 다시 조인을 수행하는 것이 성능 향상의 포인트다.

### 4.1.1 데이터 연산을 최소한으로 유도하자

앞서 MySQL 데이터 처리 방식에서 설명했듯이 아직 MySQL에서는 Nested Loop Join 방식으로만 데이터를 처리한다. 상용 DBMS에서 흔히 제공하는 해시 조인Hash Join과 머지 조인Merge Join 같은 조인 알고리즘이 MySQL에는 구현되어 있지 않다. 그러므로 Nested Loop Join 횟수를 최대한 줄이는 것이 쿼리 성능을 향상시키는 첫걸음이다. 다음 쿼리를 살펴보자.

```
SELECT ui.*
FROM(
    SELECT aa.user_no FROM (
        (
            SELECT user_no
            FROM bad_user
            WHERE insert_date < '2012-01-01 00:00:00'
        )
        UNION ALL
        (
            SELECT user_no
            FROM blacked_user
            WHERE insert_date < '2012-01-01 00:00:00'
        )
) bad_case
INNER JOIN user_info ui ON bad_case.user_no = ui.userno
LIMIT 10;
```

쿼리 실행 계획은 다음과 같다.

```
+------+-------------+-------------+--------+--------+-----------------------+
| ID   | Select_type | Table       | Type   | Rows   | Extra                 |
```

```
+------+-------------+------------+--------+--------+----------------------+
| 1    | PRIMARY     | <derived2>  | ALL    | 67857  |                      |
| 1    | PRIMARY     | ui          | eq_ref |      1 |                      |
| 2    | DERIVED     | bad_user    | index  | 131373 | Using where; Using index |
| 3    | UNION       | blacked_user | index | 131373 | Using where; Using index |
| NULL | UNION RESULT | <union2,3> | ALL    |   NULL |                      |
+------+-------------+------------+--------+--------+----------------------+
```

bad_user 테이블과 blacked_user 테이블에 있는 2012년 이전에 테이블에 저장된 사용자 10명에 대한 신상정보를 가져오는 쿼리다.

언제나 그렇듯 데이터가 적다면 문제가 없지만 'UNION ALL' 결과 데이터가 크다면 문제가 발생한다. 위 예제의 경우 6만 건에 해당하는 데이터를 Temporary Table에 저장하고 외부에서 INNER JOIN으로 데이터를 처리한다.

그렇다면 발상을 전환하여 내부에서 10건씩 끊어서 데이터를 가져오면 어떨까?

```
SELECT ui.*
FROM(
    SELECT aa.user_no FROM (
        (
            SELECT user_no
            FROM bad_user
            WHERE insert_date < '2012-01-01 00:00:00'
            LIMIT 10
        )
        UNION ALL
        (
            SELECT user_no
            FROM blacked_user
            WHERE insert_date < '2012-01-01 00:00:00'
            LIMIT 10
```

```
        )
) good_case
INNER JOIN user_info ui ON good_case.user_no = ui.userno
LIMIT 10;
```

쿼리 실행 계획은 다음과 같다.

```
+----+-------------+-------------+--------+--------+------------------------+
| ID | Select_type | Table       | Type   | Rows   | Extra                  |
+----+-------------+-------------+--------+--------+------------------------+
|  1 | PRIMARY     | <derived2>  | ALL    |     10 |                        |
|  1 | PRIMARY     | ui          | eq_ref |      1 |                        |
|  2 | DERIVED     | bad_user    | index  | 131373 | Using where; Using index |
|  3 | UNION       | blacked_user | index | 131373 | Using where; Using index |
|NULL| UNION RESULT | <union2,3> | ALL    |   NULL |                        |
+----+-------------+-------------+--------+--------+------------------------+
```

최종적인 데이터 결과는 LIMIT 10이기 때문에 결코 10개를 넘을 수 없다. 그렇다면 UNION ALL로 취합되는 각 쿼리 결과를 10건씩으로 제한하면 어떨까? 그리고 취합된 20개의 데이터로 외부에서 다시 조인하고 결과 데이터 10건만 가져오자. 결과적으로 상위 10건의 데이터를 가져오기 위해 데이터 전체가 아닌 20건 만으로도 충분하기 때문에 쿼리의 성능은 비약적으로 향상된다.

조인 시 반드시 필요할 데이터만 가져와 데이터를 처리한다면 INNER JOIN에서 6만 번 발생할 Nested Loop Join을 20건 정도로 대폭 줄일 수 있다. 서버 리소스와 실행 시간이 대폭 향상되는 것은 당연한 결과다.

## 4.2 불필요한 조인을 피하자

### 4.2.1 Foreign Key 존재 유무를 파악하자

조인이 많은 쿼리를 살펴보면 가끔 불필요한 조건 검색이 있는 것을 볼 수 있다. 그 중 하나는 Foreign Key가 있는 경우다. Foreign Key는 테이블에서 다른 테이블의 Primary Key와 대응된다는 것을 의미한다. 따라서 Foreign Key가 정의된 테이블에는 반드시 다른 테이블과 연관된 데이터가 있어야 한다. 다음 예제를 살펴보자.

```
CREATE TABLE `code` (
  `id` int(11) NOT NULL AUTO_INCREMENT,
  `code` char(2) NOT NULL,
  `name` varchar(255) NOT NULL,
  `regdate` datetime NOT NULL,
   PRIMARY KEY (`id`)
) ENGINE = InnoDB;

CREATE TABLE `item` (
   `id` int(11) NOT NULL AUTO_INCREMENT,
   `name` varchar(255) NOT NULL,
   `detail` text NOT NULL,
   `code_id` int(11) NOT NULL,
   `regdate` datetime NOT NULL,
   PRIMARY KEY (`id`),
   KEY `fk_code_id` (`code_id`),
   CONSTRAINT `Object_ibfk_1` FOREIGN KEY (`code_id`) REFERENCES `code`
      (`id`) ON DELETE CASCADE ON UPDATE CASCADE
) ENGINE = InnoDB;
```

'item' 테이블은 'code' 테이블을 참조한다. 즉, item에 들어가는 모든 데이터는 code 안에 있다고 봐도 무방하다. 그런데 때로는 다음 쿼리와 같이 데이터 유효성 체크를 위해 조인하기도 한다.

```
SELECT item.*
FROM item
INNER JOIN code ON item.code_id = code.id
WHERE name = 'Chair'
```

이런 경우라면 Foreign Key가 있으므로 굳이 조인을 수행하지 않고 바로 item 테이블에서 데이터를 추출하면 된다.

```
SELECT *
FROM item
WHERE name = 'Chair'
```

만약 페이징하여 데이터를 가져오는 쿼리를 작성한다면 Foreign Key 특성에 따라 굳이 필요없는 유효성 체크를 제거하고 다음과 같이 반드시 필요한 시점에서만 조인하는 것이 훨씬 유리하다.

```
SELECT aa.*, code.name AS code_name
FROM (
    SELECT * FROM item
    ORDER BY regdata DESC
    LIMIT 10
) aa
INNER JOIN code ON aa.code_id = code.id;
```

물론 Foreign Key를 선언하면 파티셔닝 테이블을 사용하지 못하고 단일 테이블로

운영해야 한다는 제약이 있다. 그러나 상황에 따라 Foreign Key 속성을 잘 이해하고 적용하여 SELECT 시 적절하게 활용할 수 있다면 DB 성능을 크게 높일 수 있다.

### 4.2.2 테이블 스키마를 이해하고 쿼리를 작성하자

테이블 스키마를 이해한다는 것은 서비스의 특성을 이해하고 있다는 것과 같은 의미다. 사용자 테이블(USER)과 사용자의 추가 정보를 기록하는 테이블(USER_INFO)이 있다고 가정해보자. 두 개의 테이블은 1:1 관계며 반드시 두 테이블에 데이터가 있어야 한다. 또한 두 테이블은 Primary Key로 user_no를 가지며 user 테이블에 데이터 유입 시 user_info 테이블에도 동시에 데이터를 넣는다.

다음과 같은 스키마를 살펴보자.

```
## 회원 테이블
CREATE TABLE user (
    user_no int NOT NULL primary key auto_increment,
    user_name varchar(45) NOT NULL,
    user_birth char(8) NOT NULL,
    join_date datetime
);

## 회원 추가 정보 테이블
CREATE TABLE user_info (
    user_no int NOT NULL primary key,
    user_nickname varchar(64),
    user_addr1 varchar(64),
    user_addr2 varchar(64)
);
```

이 경우 전체 사용자 고유 번호와 닉네임, 주소를 가져오는 쿼리를 작성할 때 종종 다음과 같은 실수를 범한다.

```
SELECT
    u.user_no,
    ui.user_nickname,
    ui.user_addr1,
    ui.user_addr2
FROM user u
INNER JOIN user_info ui ON ui.user_no = u.user_no
```

여기서 user 테이블을 불필요하게 한 번 더 조인했다. user_info에 있는 데이터는 반드시 user 테이블에 있을 테니 굳이 조인하지 않아도 된다.

```
SELECT
    user_no,
    user_nickname,
    user_addr1,
    user_addr2
FROM user_info;
```

테이블 스키마 특성에 따라 불필요한 조인을 제거하였으며, 이에 따른 성능은 대폭 향상될 것이다. 쿼리를 작성할 때 테이블 간의 연관성을 이해하고 작성하면 불필요한 낭비 요소를 사전에 쉽게 제거할 수 있을 것이다.

## 4.3 Semi Join으로 인한 비효율을 제거하자

MySQL 5.5 버전까지는 Semi Join('세미 조인' 또는 '부분 조인'이라고 부름)의 성능이 최적화되어 있지 않았다(Semi Join이란 Exists와 IN 같은 조인 안에 SELECT가 있는 것이다).

예를 들어 다음과 같은 경우다.

```
SELECT * FROM Country
WHERE
  Continent = 'Europe' AND
  Country.Code IN (SELECT City.country
                   FROM City
                   WHERE City.Population > 1*1000*1000);
```

서브쿼리 실행 후 WHERE 조건을 수행하는 것이 아니라 매번 데이터를 Nested Loop Join 탐색하면서 서브쿼리를 수행하기 때문에 불필요한 부하가 발생한다.

오라클에 익숙한 사용자라면 IN 구문 안의 SELECT를 먼저 수행한 후 결과값을 해시 형식으로 만들어서 데이터를 처리한다고 예상할 것이다. 그러나 아쉽게도 MySQL에서는 그림 4-1과 같이 Country 테이블의 Continent가 Europe인 조건을 먼저 검색하고, 그 결과를 IN 조건의 서브쿼리를 일일이 반복 수행하며 최종 데이터를 가져온다.

**그림 4-1** Semi Join 데이터 처리

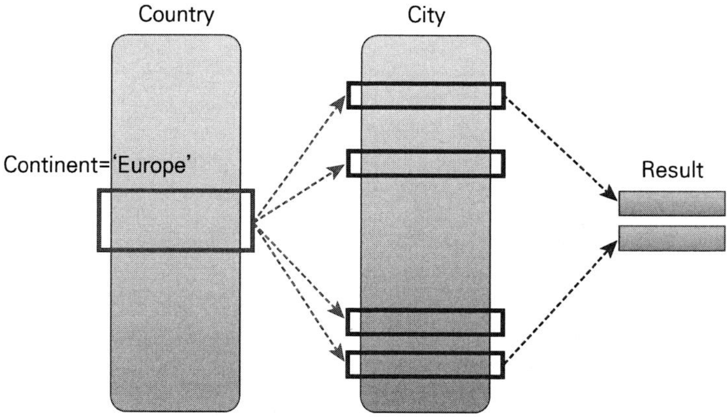


만약 Continent = 'Europe' 조건이 없다면 테이블 풀스캔이 발생하여 성능이 저하된다. 또한 IN 구문 안의 SELECT 쿼리 성능이 좋지 않아도 성능이 저하된다.

그렇다면 Semi Join을 단순 조인으로 다음과 같이 변경해보자.

```
SELECT Country.*
FROM Country
      INNER JOIN City ON Country.Code = City.country
WHERE
      Country.Continent = 'Europe'
      AND City.Population > 1*1000*1000;
```

위와 같이 IN 내부에 있는 서브쿼리를 외부로 조인 형태로 변환하면 Semi Join에서처럼 반복적으로 City 테이블에 접근하여 데이터를 처리하지 않는다. 옵티마이저가 테이블의 데이터 통계 정보를 판단하여 데이터를 추출하는 가장 빠른 실행 계획을 도출하여 쿼리를 처리한다. 위와 같은 경우 Country.Continent이 Europe

인 데이터 중 City.Population이 '1*1000*1000'인 값을 Nested Loop Join으로 가져온다. Nested Loop Join에 대한 자세한 내용은 1.3절을 참고하기 바란다.

만약 IN 구문 안의 값이 서브쿼리가 아닌 IN ('a', 'b', 'c')과 같이 상수 데이터라면 문제가 없지만 서브쿼리가 있는 Semi Join이라면 밖으로 빼서 일반 조인으로 처리하는 것이 성능에 더 좋다. 관련 문제는 MySQL 5.6 버전에서는 최적화되었으니 MySQL 5.5 이전 버전을 사용하는 경우에만 주의하면 된다.

## 4.4 Outer Join이 반드시 필요한지 파악하자

무분별하게 Outer Join('아우터 조인' 또는 '외부 조인'이라고 부름)을 수행하면 성능이 상당히 떨어진다. 추가적인 데이터 조회를 위해 Outer Join을 사용할 때는 특히 주의하여 사용해야 한다. 임다음 쿼리는 Outer Join이 조건 검색에 영향을 주지 않고 추가 정보 조회에만 사용한 예다.

```
SELECT
    M.MASTER_NO,
    M.TITLE,
    MI.PATH,
    M.REGDATE,
    CM.TYPE
FROM MAIN AS M
INNER JOIN TAB01 AS CM
    ON CM.MASTER_NO = M.MASTER_NO
LEFT OUTER JOIN TAB02 AS MI
    ON M.MASTER_NO = MI.MASTER_NO
WHERE M.DEL_YN = 'N'
ORDER BY M.MASTER_NO DESC
LIMIT 10000, 10;
```

쿼리 실행 계획은 다음과 같다.

```
+----+-------------+---------+-----------+--------+
| ID   | Select_type | Table   | Key        | Rows   |
+----+-------------+---------+-----------+--------+
| 1    | SIMPLE      | M       | PRIMARY    |  5005  |
| 1    | SIMPLE      | CM      | master_no  |     1  |
| 1    | SIMPLE      | MI      | master_no  |     2  |
+----+-------------+---------+-----------+--------+
```

데이터를 10,000번째 위치부터 10건을 가져온다면 결과적으로 불필요한 10,000번의 Outer Join이 발생한다. 쿼리 성능이 상당히 좋지 않다. 물론 데이터가 적을 경우에는 문제가 없지만 데이터가 누적되면 서버에 큰 영향을 미칠 수 있다. 다음과 같이 수정하자.

```
SELECT
    A.MASTER_NO,
    A.TITLE,
    MI.PATH,
    A.REGDATE,
    A.TYPE
FROM (
    SELECT
        M.MASTER_NO,
        M.TITLE,
        M.REGDATE,
        CM.TYPE
    FROM MAIN AS M
    INNER JOIN tab01 AS CM
        ON CM.MASTER_NO = M.MASTER_NO
    ORDER BY M.MASTER_NO DESC
```

```
    LIMIT 10000, 10
) A
LEFT OUTER JOIN tab02 AS MI
    ON A.MASTER_NO = MI.MASTER_NO;
```

쿼리 실행 계획은 다음과 같다.

```
+----+-------------+-------------+-----------+--------+
| ID | select_type | table       | key       | rows   |
+----+-------------+-------------+-----------+--------+
| 1  | PRIMARY     | <derived2>  | NULL      |     10 |
| 1  | PRIMARY     | MI          | master_no |      2 |
| 1  | DERIVED     | M           | PRIMARY   |  22901 |
| 1  | DERIVED     | CM          | master_no |      1 |
+----+-------------+-------------+-----------+--------+
```

쿼리 실행 계획 결과를 보면 더 안 좋은 것처럼 보이지만 SQL을 프로파일링해보면 다음과 같이 성능이 더 좋다는 것을 확인할 수 있다.

```
<수정 전>
+------------------------------------------+-----------+
| Status                                   | Duration  |
+------------------------------------------+-----------+
| starting                                 | 0.000043  |
| checking checking query cache for query  | 0.000054  |
| opening tables                           | 0.000016  |
| system lock                              | 0.000009  |
| table lock                               | 0.000038  |
| init                                     | 0.000026  |
| optimizing                               | 0.000017  |
| statistics                               | 0.000063  |
| preparing                                | 0.000025  |
| executing                                | 0.000006  |
| sorting result                           | 0.070724  |
```

```
| sending data                             | 0.153553 |
| end                                      | 0.000044 |
| query end                                | 0.000008 |
| freeing items                            | 0.000048 |
| storing result in query cache            | 0.000990 |
| logging slow query                       | 0.000007 |
| cleaning up                              | 0.000009 |
+------------------------------------------+----------+
```

<수정 후>

```
+------------------------------------------+----------+
| Status                                   | Duration |
+------------------------------------------+----------+
| starting                                 | 0.000043 |
| checking checking query cache for query  | 0.000078 |
| opening tables                           | 0.000020 |
| system lock                              | 0.000009 |
| table lock                               | 0.000070 |
| optimizing                               | 0.000014 |
| statistics                               | 0.000032 |
| preparing                                | 0.000018 |
| executing                                | 0.000006 |
| sorting result                           | 0.000010 |
| sending data                             | 0.062445 |
| init                                     | 0.000071 |
| optimizing                               | 0.000009 |
| statistics                               | 0.000032 |
| preparing                                | 0.000021 |
| executeing                               | 0.000007 |
| sending data                             | 0.000163 |
| end                                      | 0.000007 |
| query end                                | 0.000007 |
| freeing items                            | 0.000040 |
| storing result in query cache            | 0.000402 |
| removing tmp table                       | 0.000013 |
| closing tables                           | 0.000009 |
| logging slow query                       | 0.000005 |
| cleaning up                              | 0.000008 |
+------------------------------------------+----------+
```

Outer Join을 사용하기 전에 쿼리에 Outer Join이 필요한지의 여부를 반드시 따져보고 필요한 부분에만 적용하기 바란다.

## 4.5 서브쿼리를 적극 활용하자

서브쿼리는 DB 내부적으로 Temporary Table을 생성하여 데이터를 처리하기 때문에 과용하면 좋지 않다. 그러나 필요한 부분에 적극 사용하면 분명 성능 향상에 큰 도움이 된다.

예를 들어 사용자 테이블(user)과 사용자 접속 내역(user_access_log)을 기록하는 테이블이 있다고 가정해보자. 일반적으로 사용자 테이블에는 사용자 고유 번호(user_no)가 있고 다른 테이블에는 사용자 번호를 기준으로 데이터를 적재한다.

사용자가 있어야 사용자가 활동한 내역이 있다. 그렇다면 사용자 활동 내역에 있는 사용자 번호는 모두 사용자 테이블에 있는 사용자 번호에 포함된다고 봐도 무관할 것이다.

```
## 회원 테이블
CREATE TABLE user (
    user_no int not null primary key auto_increment,
    user_name varchar(45) NOT NULL,
    user_birth char(8) NOT NULL,
    join_date datetime
);

## 회원 접속 로그
CREATE TABLE user_access_log (
    seq int NOT NULL primary key auto_increment,
    user_no int NOT NULL,
    access_date datetime,
```

```
    KEY ix_userno(user_no),
    KEY ix_accessdate(access_date)
);
```

이러한 상황에서 이번 달 각 사용자의 접속 현황 통계를 일자별로 구하는 통계 쿼리를 작성해보자. 필요한 데이터는 '사용자 고유 번호(user_no)', '이름(user_name)', '접속 횟수(access_count)'다. 간단하게 생각하면 다음 쿼리로 충분할 것이다.

```
SELECT
    date_format(l.access_date, '%Y-%m-%d') access_date,
    u.user_no,
    u.user_name,
    count(*) access_count
FROM user u
INNER JOIN user_access_log l ON u.user_no = l.user_no
WHERE l.access_date >= date_format(now(), '%Y-%m-01')
GROUP BY date_format(l.access_date, '%Y-%m-%d'), u.user_no, u.user_name;
```

여기서 한 가지! 사용자 고유 번호에 여러 개의 이름이 들어갈 수 있을까? 사용자 고유 번호는 Primary Key이므로 단일 행이다.

위 쿼리에서는 user 테이블과 user_access_log 테이블을 조인 처리한 후에 GROUP BY 구문을 처리하기 때문에 데이터 누적에 따라 쿼리 성능이 급격히 떨어진다. 특히 일반적인 상황이라면 사용자가 접속한 흔적을 기록하는 user_access_log 테이블에 데이터가 비대해질 것은 쉽게 예측할 수 있다.

이러한 상황이라면 다음과 같이 쿼리를 변경해보면 어떨까?

```
SELECT
    l.access_date,
    u.user_no,
    u.user_name,
    l.access_count
FROM (
    SELECT
        date_format(access_date, '%Y-%m-%d') access_date,
        user_no,
        count(*) access_count
    FROM user_access_log
    WHERE access_date >= date_format(now(), '%Y-%m-%d')
    GROUP BY date_format(access_date, '%Y-%m-%d')
) l
INNER JOIN user u ON u.user_no = l.user_no;
```

언뜻 보면 복잡해 보이는 쿼리이지만 사용자 테이블과 무관하게 GROUP BY 구문을 먼저 처리하기 때문에 서브쿼리 내 결과 수는 급격하게 줄어든다. 물론 user 테이블에서 데이터를 삭제하였으나 user_access_count 테이블에서는 데이터가 삭제되지 않은 경우가 발생할 수 있다. 그렇게 되면 이미 삭제된 user 정보가 보일 수 있을 것 같지만 실제로는 가장 바깥쪽에서 user 테이블과 user_no 기준으로 조인을 수행하기 때문에 불필요한 데이터는 노출되지 않는다.

## 4.6 서브쿼리를 맹신하지 말자

### 4.6.1 무분별한 서브쿼리는 최악의 사태로 가는 시작이다

MySQL 3 이전 버전에서는 서브쿼리가 제공되지 않았다. 단일 쿼리로만 DB에 질의할 수 있었으며, 서브쿼리처럼 구현하려면 여러 번에 걸쳐서 쿼리를 나누어 DB에 질의해야 했다.

서브쿼리 기능은 MySQL 4.1 버전부터 추가되었는데, 쿼리 안에 또 다른 쿼리를 넣어서 데이터를 질의할 수 있기 때문에 데이터를 조회하는 것이 상당히 편하게 변모하였다. 그러나 서브쿼리가 편하다고 해서 무분별하게 사용한다면 서버 성능이 급격히 저하되는 최악의 사태에 이르는 원인이 될 수도 있다.

다음 예제를 살펴보자. 테이블 스키마는 다음과 같다.

```
CREATE TABLE log (
    idx int(11) NOT NULL AUTO_INCREMENT,
    userId int NOT NULL,
    date datetime,
    url varchar(1000),
    ip varchar(20),
    PRIMARY KEY(idx),
    KEY(userId)
) ENGINE = InnoDB;
```

테이블에 데이터가 약 13만 건 저장되어 있다.

```
mysql> SELECT count(*) FROM log;
+----------+
| count(*) |
+----------+
|   128469 |
+----------+
```

이 테이블에서 통계 데이터를 추출하기 위해 다음과 같은 쿼리를 실행해보자(7일 동안 방문한 사람 중에서 3일 전에 방문한 사람과의 연관성을 찾기 위한 쿼리다).

```
SELECT
   date_format(date_sub(now(), interval 3 day), '%Y%m%d') statDate,
     visitor_cnt1, visitor_cnt2, visitor_cnt2/visitor_cnt1*100 pst
FROM (
   SELECT count(a.userId) visitor_cnt1,
      sum(if(b.userId is not null, 1, 0)) visitor_cnt2
   FROM (
      SELECT  distinct(userId) userId
      FROM log
      WHERE userId is NOT NULL
      AND date >= date_format(date_sub(now(), interval 7 day), '%Y%m%d')
      ) sub01 left join
      (
         SELECT  distinct(userId) userId
         FROM log
         WHERE userId is NOT NULL
         AND date >= date_format(date_sub(now(), interval 3 day), '%Y%m%d')
         AND date <  date_format(date_sub(now(), interval 2 day), '%Y%m%d')
      ) sub02 ON sub01.userId = sub02.userId
   ) result
```

쿼리의 실행 계획은 다음과 같다. 실행 계획을 보면 무언가 이상한 점이 있다. 분명히 userId 칼럼에 인덱스가 있는데, 서브쿼리 간 조인 시에 인덱스를 활용하지 않는다. DB에서는 테이블 풀스캔을 두 번 수행하고 각각의 결과를 Temporary Table에 넣어서 쿼리를 처리한다.

```
+----+------------+-----------+-------+------+------+--------------------------+
| ID | Select_type| Table     | Type  | Key  | Rows | Extra                    |
+----+------------+-----------+-------+------+------+--------------------------+
|  1 | PRIMARY    | <derived2>| system| NULL |     1|                          |
|  2 | DERIVED    | <derived3>| ALL   | NULL | 17467|                          |
```

```
| 2 | DERIVED     | <derived4>| ALL    | NULL |  8561|                              |
| 4 | DERIVED     | log       | ALL    | NULL |125715| Using where; Using temporary |
| 3 | DERIVED     | log       | ALL    | NULL |125715| Using where; Using temporary |
+----+------------+-----------+--------+------+------+------------------------------+
```

이 쿼리의 실행 시간은 약 1분 2초며(컴퓨터의 성능에 따라 실행 시간은 달라질 수 있다) 쿼리가 수행되는 동안 Temporary Table을 사용하였다. Temporary Table 사용은 다음과 같이 확인할 수 있다.

```
$ ll -h
total 50M
-rw-rw----  1 mysql mysql  34M Jul 10 15:11 #sql_16ef_3.MYD
-rw-rw----  1 mysql mysql 1.0K Jul 10 15:11 #sql_16ef_3.MYI
-rw-rw----  1 mysql mysql  17M Jul 10 15:11 #sql_16ef_4.MYD
-rw-rw----  1 mysql mysql 1.0K Jul 10 15:11 #sql_16ef_4.MYI
drwxr-xr-x  2 mysql mysql 4.0K Jul 10 15:11 .
drwxr-xr-x. 9 root  root  4.0K May  8 19:45 ..
```

쿼리 실행 계획에서 ID가 3인 서브쿼리가 사용하는 파일은 '#sql_16ef_3', ID가 4인 서브쿼리가 사용하는 파일은 '#sql_16ef_4'다. 여기서 주목해야 할 사항은 원본 테이블(log)이 InnoDB임에도 MyISAM 형태로 생성이 된다는 점과 생성된 파일의 *.MYI 파일 사이즈가 0인 점을 미루어 보아 특별한 인덱싱은 없다는 점이다.

이제 이 쿼리의 문제점이 무엇인지에 대해서 낱낱이 살펴보겠다. 먼저 쿼리의 프로파일링 정보를 가져오기 위해 다음과 같이 프로파일링 기능을 사용하도록 세션 변수를 설정한다.

```
mysql> SET PROFILING = 1;
```

쿼리를 실행하면 다음과 같은 프로파일 정보를 확인할 수 있다.

```
mysql> SET PROFILING  = 1;
mysql> SHOW PROFILE;
+----------------------+-----------+
| Status               | Duration  |
+----------------------+-----------+
| starting             |  0.000269 |
| checking permissions |  0.000006 |
| checking permissions |  0.000006 |
| opening tables       |  0.000021 |
| system lock          |  0.000152 |
| optimizing           |  0.000022 |
| statistics           |  0.000112 |
| preparing            |  0.000030 |
| creating tmp table   |  0.000180 |
| executing            |  0.000005 |
| copying to tmp table |  0.969441 |
| Sending data         |  0.028910 |
| optimizing           |  0.000051 |
| statistics           |  0.000070 |
| preparing            |  0.000029 |
| creating tmp table   |  0.000231 |
| executing            |  0.000005 |
| copying to tmp table |  0.547886 |
| sending data         |  0.013610 |
| optimizing           |  0.000019 |
| statistics           |  0.000016 |
| preparing            |  0.000015 |
| executing            |  0.000007 |
| sending data         | 60.624725 |
| removing tmp table   |  0.007609 |
| sending data         |  0.000007 |
| removing tmp table   |  0.003545 |
| sending data         |  0.000011 |
| init                 |  0.000042 |
| optimizing           |  0.000004 |
| statistics           |  0.000006 |
| preparing            |  0.000007 |
```

```
| executing                  | 0.000002 |
| sending data               | 0.000038 |
| end                        | 0.000005 |
| query end                  | 0.000005 |
| closing tables             | 0.000003 |
| removing tmp table         | 0.000008 |
| closing tables             | 0.000002 |
| removing tmp table         | 0.000006 |
| closing tables             | 0.000002 |
| removing tmp table         | 0.000008 |
| closing tables             | 0.000008 |
| freeing items              | 0.000029 |
| logging slow query         | 0.000003 |
| logging slow query         | 0.000002 |
| cleaning up                | 0.000004 |
+----------------------------+----------+
```

여기서 문제는 두 개의 Temporary Table에서 조인하는 과정에서 테이블 풀스캔이 발생한다는 것이다. 물론 두 서브쿼리 결과 데이터가 적다면 큰 문제가 되지 않겠지만 두 테이블 결과가 각각 1만 건이라면 어떨까? 양쪽 1만 건의 데이터를 처리하기 위해 1억 번의 조인을 수행해야 할 것이다.

또한 프로파일 정보를 보면 Sending data[03]에서 많은 시간을 소모한다. 즉, 앞의 쿼리에서 대부분의 실행 시간은 스토리지 엔진과 서버 엔진의 통신 부분에서 발생한다.

SQL을 처리할 때 MyISAM 스토리지 엔진으로 Temporary Table을 생성하는데, 인덱스가 없기 때문에 테이블 풀스캔이 발생한다. 이와 같은 경우 다음과 같이 서브쿼리 하나를 제거하여 Temporary Table 간의 조인이 발생하지 않도록 유도하면 DB 성능을 향상시킬 수 있다. 게다가 userId에 걸려있는 인덱스도 활용할 수 있다.

03 Sending data는 스토리지 엔진에서 MySQL DB로 데이터를 보내는 데 소요되는 시간이다.

```
SELECT
date_format(date_sub(now(), interval 3 day), '%Y%m%d') statDate,
   visitor_cnt1,
   visitor_cnt2,
   visitor_cnt2/visitor_cnt1*100 pst
FROM (
   SELECT count(useId1) visitor_cnt1,
      sum(if(useId2 is not null, 1, 0)) visitor_cnt2
   FROM (
      SELECT
         distinct
         a.useId useId1,
         b.useId useId2
      FROM (
         SELECT distinct useId
         FROM log
         WHERE useId is NOT NULL
         AND date >= date_format(date_sub(now(), interval 7 day),
            '%Y%m%d')
      ) a left join log b
         on a.useId = b.useId
            AND date >= date_format(date_sub(now(), interval 3 day),
               '%Y%m%d')
            AND date <  date_format(date_sub(now(), interval 2 day),
               '%Y%m%d')
   ) aa
) z
```

수정한 쿼리의 실행 시간은 2초로, 수정하기 전 쿼리(1분 2초) 대비 수행 시간이 많이 단축되었다. 쿼리 실행 계획을 확인해보면 log 테이블의 userId에 걸려있는 인덱스를 잘 활용하고 있음을 알 수 있다.

```
+----+-------------+-----------+--------+--------+--------+------------------+
| ID | Select_type | Table     | Type   | Key    | Rows   | Extra            |
+----+-------------+-----------+--------+--------+--------+------------------+
|  1 | PRIMARY     | <derived2> | system | NULL   |      1 |                  |
|  2 | DERIVED     | <derived3> | ALL    | NULL   |  17467 |                  |
|  3 | DERIVED     | <derived4> | ALL    | NULL   |  17467 | Using temporary  |
|  3 | DERIVED     | b         | ref    | userId |      3 | Distinct         |
|  4 | DERIVED     | log       | ALL    | NULL   | 125715 | Using where; Using temporary |
+----+-------------+-----------+--------+--------+--------+------------------+
```

다음은 수정한 쿼리의 프로파일 정보다.

```
mysql> SET PROFILING = 1;
mysql> SHOW PROFILE;
+----------------------+----------+
| Status               | Duration |
+----------------------+----------+
| starting             | 0.000274 |
| checking permissions | 0.000006 |
| checking permissions | 0.000006 |
| opening tables       | 0.000022 |
| system lock          | 0.000164 |
| optimizing           | 0.000066 |
| statistics           | 0.000066 |
| preparing            | 0.000028 |
| creating tmp table   | 0.000177 |
| executing            | 0.000005 |
| copying to tmp table | 0.956287 |
| Sending data         | 0.030715 |
| optimizing           | 0.000015 |
| statistics           | 0.000034 |
| preparing            | 0.000034 |
| creating tmp table   | 0.000038 |
| executing            | 0.000004 |
| copying to tmp table | 0.995069 |
| Sending data         | 0.069433 |
| optimizing           | 0.000016 |
| statistics           | 0.000010 |
```

```
| preparing                 | 0.000018 |
| executing                 | 0.000007 |
| sending data              | 0.015774 |
| removing tmp table        | 0.011776 |
| sending data              | 0.000010 |
| removing tmp table        | 0.000019 |
| sending data              | 0.000009 |
| init                      | 0.000049 |
| optimizing                | 0.000006 |
| statistics                | 0.000008 |
| preparing                 | 0.000009 |
| executing                 | 0.000003 |
| sending data              | 0.000046 |
| end                       | 0.000007 |
| query end                 | 0.000007 |
| closing tables            | 0.000004 |
| removing tmp table        | 0.000082 |
| closing tables            | 0.000003 |
| removing tmp table        | 0.004782 |
| closing tables            | 0.000005 |
| removing tmp table        | 0.000010 |
| closing tables            | 0.000010 |
| freeing items             | 0.000037 |
| logging slow query        | 0.000004 |
| cleaning up               | 0.000006 |
+----------------------+----------+
```

앞서 살펴본 'Sending data'의 수행 시간이 대폭 단축되었다.

MySQL의 경우 서브쿼리로 만들어진 Temporary Table까지 조인하는 것은 좋지 않은 습관이다. 서브쿼리가 생성한 Temporary Table은 인덱스가 없는 MyISAM 테이블이며, 테이블 간 데이터 처리를 거의 Nested Loop Join이나 Block Nested Loop Join으로만 처리하기 때문이다.

물론 조인할 두 개의 서브쿼리 결과 건수가 많은 경우에만 해당하지만 데이터가 적을 때에는 그렇지 않을 수 있다. 상황에 따라 적절하게 판단하여 서브쿼리를 사용하기 바란다.

인덱스를 통한 데이터 접근 유무는 성능에 직접적인 영향을 미치는 요소다. Temporary Table을 사용한다면 테이블 간 조인은 서브쿼리에서 시작되도록 유도하고 기존 인덱스 자료 구조를 최대한 활용할 수 있도록 쿼리를 작성해야 한다. 데이터 처리량을 줄이는 것과 인덱스 활용을 극대화하는 것이 성능 향상의 주요 포인트다.

### 4.6.2 성능 저하를 유발하는 불필요한 서브쿼리

오라클에는 rownum[04] 개념이 있기 때문에 데이터 결과 행에 번호를 쉽게 붙일 수 있다. 아쉽게도 MySQL에는 rownum 개념이 없지만 (SELECT @RNUM:=0) 같은 방식으로 행 번호를 매길 수 있다. 하지만 이를 잘못 사용하면 성능이 저하된다.

다음 쿼리는 rownum 효과를 내기 위해 불필요한 서브쿼리를 사용한 예로, 불필요한 데이터 스캔이 발생하여 쿼리 성능이 상당히 저하된다.

```
SELECT @RNUM:=@RNUM+1 AS RNUM, ROW.*
FROM (SELECT @RNUM:=0) R,
(
    SELECT
        M.*,
        MI.PATH,
        CM.TYPE
    FROM MAIN AS M
    INNER JOIN tab01 AS CM ON M.MASTER_NO = CM.MASTER_NO
    LEFT  JOIN tab02 AS MI ON M.MASTER_NO = MI.MASTER_NO
    WHERE M.DEL_YN = 'N'
```

04 rownum은 오라클에서 제공하는 임시 칼럼이다. 레코드를 선택한 직후에 각 레코드에 순차적으로 일련의 번호를 붙이고 그 번호를 rownum이라는 임시 칼럼으로 제공한다.

```
    ORDER BY M.MASTER_NO DESC
) ROW
LIMIT 100, 10
```

쿼리의 실행 계획은 다음과 같다.

```
+----+-------------+------------+-----------+-------+--------------------+
| ID | Select_type | Table      | Key       | Rows  | Extra              |
+----+-------------+------------+-----------+-------+--------------------+
|  1 | PRIMARY     | <derived2> | NULL      |     1 |                    |
|  2 | PRIMARY     | <derived3> | NULL      |  9773 |                    |
|  3 | DERIVED     | M          | del_yn    | 15339 | Using filesort     |
|  3 | DERIVED     | CM         | master_no |     1 |                    |
|  3 | DERIVED     | MI         | master_no |     2 |                    |
|  4 | DERIVED     | NULL       | NULL      |  NUll | No tables used     |
+----+-------------+------------+-----------+-------+--------------------+
```

위 쿼리에서는 페이지 번호를 가져오기 위해 서브쿼리에서는 테이블 간 조인을 처음부터 끝까지 수행하면서 결과값을 Temporary Table에 저장한다. 결과적으로 엄청난 횟수의 조인 연산이 내부적으로 발생하는 것이다. 다음과 같이 불필요한 서브쿼리를 제거해서 쿼리를 다시 작성하자.

```
SELECT
    M.*,
    MI.PATH,
    CM.TYPE
FROM MAIN AS M
INNER JOIN tab01 AS CM ON M.MASTER_NO = CM.MASTER_NO
LEFT  JOIN tab02 AS MI ON M.MASTER_NO = MI.MASTER_NO
WHERE M.DEL_YN = 'N'
ORDER BY M.MASTER_NO DESC
```

```
LIMIT 100, 10
```

실행 계획은 다음과 같다.

```
+----+-------------+-------+------------+--------+---------------------------+
| ID | Select_type | Table | Key        | Rows   | Extra                     |
+----+-------------+-------+------------+--------+---------------------------+
|  1 | SIMPLE      | M     | del_yn     |   3748 | Using where; Using filesort |
|  1 | SIMPLE      | CM    | master_no  |      1 |                           |
|  1 | SIMPLE      | MI    | master_no  |      2 |                           |
+----+-------------+-------+------------+--------+---------------------------+
```

수정 전 결과와 다르게 스캔하는 데이터 수가 획기적으로 줄어든 것을 확인할 수 있다. 수정한 쿼리를 프로파일링하면 다음과 같은 결과를 볼 수 있다

```
<수정 전>
+----------------------+----------+
| Status               | Duration |
+----------------------+----------+
| starting             | 0.000183 |
| opening tables       | 0.000030 |
| system lock          | 0.000006 |
| table lock           | 0.000151 |
| optimizing           | 0.000008 |
| executing            | 0.000012 |
| optimizing           | 0.000031 |
| statistics           | 0.000098 |
| preparing            | 0.000042 |
| executing            | 0.000006 |
| sorting result       | 0.110762 |
| sending data         | 0.203739 |
| init                 | 0.000083 |
| optimizing           | 0.000010 |
| statistics           | 0.000019 |
| preparing            | 0.000015 |
```

```
| executing             | 0.000006 |
| sending data          | 0.000070 |
| end                   | 0.000008 |
| query end             | 0.000006 |
| freeing items         | 0.000049 |
| removing tmp table    | 0.000078 |
| closing tables        | 0.000006 |
| removing tmp table    | 0.000008 |
| closing tables        | 0.000008 |
| logging slow query    | 0.000006 |
| cleaning up           | 0.000009 |
+----------------------+----------+
```

〈수정 후〉

```
+----------------------+----------+
| Status                | Duration |
+----------------------+----------+
| starting              | 0.000274 |
| opening tables        | 0.000022 |
| system lock           | 0.000164 |
| table lock            | 0.000066 |
| init                  | 0.000049 |
| optimizing            | 0.000015 |
| statistics            | 0.000034 |
| preparing             | 0.000034 |
| executing             | 0.000004 |
| sorting result        | 0.000019 |
| sending data          | 0.000009 |
| end                   | 0.000007 |
| query end             | 0.000007 |
| freeing items         | 0.000037 |
| logging slow query    | 0.000004 |
| cleaning up           | 0.000006 |
+----------------------+----------+
```

---

스토리지 엔진에서 DB 엔진으로 데이터를 전송하는 Sending data 처리 시간이 현저하게 줄어든 것을 확인할 수 있다. 스토리지 엔진이 필요한 데이터만 DB 서버로 넘기기 때문에 관련 시간이 획기적으로 줄어든 것이다. 그리고 페이지 번호는

DB에서 무리하게 생성하는 것보다 애플리케이션 서버에서 생성하는 것이 MySQL의 성능을 높이는 데 유리하다.

## 4.7 때로는 Temporary Table도 적극 활용하자

Temporary Table은 동시에 많은 데이터를 일괄 변경할 때 유용하게 사용할 수 있다. 하지만 과도하게 Temporary Table을 생성하여 사용하면 매번 테이블 객체의 추가/삭제를 반복하여 시스템 성능에 영향을 미칠 수 있다. 이번에는 어떤 시점에 Temporary Table을 사용하는 것이 좋을지에 대해 알아보겠다.

### 4.7.1 테스트 환경

테이블에는 약 1,000만 건의 데이터가 있으며 Primary Key 외에는 추가 인덱스는 생성하지 않는다. 이는 서로 동등하게 데이터에 빠르게 접근할 수 있다는 가정하에 Primary Key 외에는 인덱스에서 발생할 수 있는 성능 저하 요소를 배제하기 위해서다. 테이블 스키마는 다음과 같다.

```
CREATE TABLE dbatest (
  i int(11) NOT NULL AUTO_INCREMENT,
  c1 int(11) NOT NULL,
  c2 int(11) NOT NULL,
  c3 varchar(255) DEFAULT NULL,
  primary key (i)
) engine = InnoDB;
```

다음은 테이블에 있는 대략적인 데이터 건수다. 관련 정보는 information_schem의 테이블을 다음 쿼리로 질의하면 확인할 수 있다.

```
SELECT
```

```
    concat(table_schema,'.',table_name) table_name,
    table_rows rows,
    concat(round(data_length/(1024*1024), 2), 'm') data,
    concat(round(index_length/(1024*1024), 2), 'm') idx,
    concat(round((data_length+index_length)/(1024*1024), 2),'m') total_size
FROM information_schema.tables
WHERE table_schema = 'dba'
AND table_name = 'dbatest'
ORDER BY data_length+index_length DESC;
```

```
+-------------+----------+-------+-------+------------+
| Table_name  | Rows     | Data  | Idx   | Total_size |
+-------------+----------+-------+-------+------------+
| dba.dbatest | 10000105 | 1283M | 0.00M | 1283.00M   |
+-------------+----------+-------+-------+------------+
```

성능 테스트에서 사용하는 Temporary Table 이름은 "tmp_dbatest_세션 아이디"와 같은 형식으로 만들어 진행하였다. 물론 Temporary Table이 필요한 부분에만 사용한다.

Memory Storage 엔진은 테이블 단위 잠금으로 데이터를 처리하지만 특정 세션이 생성한 Temporary Table을 다른 세션에서는 접근할 수 없기 때문에 전체적으로 테이블 단위 잠금으로 동작해도 무관하다. 대상 테이블에는 앞에서 언급한 것과 같이 데이터가 약 1,000만 건 들어있으며, Primary Key는 1부터 순차적으로 정의되어 있다.

트래픽은 자바 스레드Thread를 여러 개 발생시켜 실 서비스 상태와 유사한 환경을 조성하였다. 처음에는 5개의 세션에서 트래픽을 발생하였고 차츰 세션을 늘려가면서 최대 200개의 세션에서 트래픽을 발생하도록 하였다. 그리고 각 세션 수에 따른 초당 트랜잭션 수Transaction Per Second, TPS를 측정하였다. 테스트는 기본적으로 하나의 트랜잭션에서 데이터 20건에서 SELECT 또는 UPDATE를 얼마나 효율적으로 질의할 수 있느냐에 초점을 두었다.

### 4.7.2 SELECT 성능 테스트 결과

Temporary Table 사용 유무를 구분해서 테스트를 진행하였으며 각 테스트 시나리오는 다음과 같다.

■ **Temporary Table에 데이터를 미리 넣어놓고 조인하여 데이터를 처리**

- Step 01: Temporary Table 제거(DROP)

```
DROP TEMPORARY TABLE if exists tmp_ dbatest_12;
```

- Step 02: Temporary Table 생성(CREATE)

```
## DDL for Temporary Table
CREATE TEMPORARY TABLE tmp_dbatest_12(
   i int NOT NULL,
   primary key(i)
) engine = memory;
```

- Step 03: Temporary Table에 데이터 저장(INSERT). 단, 데이터는 1 ~ 10,000,000 사이의 값

```
INSERT INTO tmp_dbatest_12 VALUES
(1), (2), (3), (4), (5), (6), (7), (8), (9), (10),
(11), (12), (13), (14), (15), (16), (17), (18), (19), (20);
```

- Step 04: Temporary Table과 테이블을 조인하여 데이터 조회

```
SELECT a.i, a.c1, a.c2
FROM dbatest a
INNER JOIN tmp_dbatest_12 b ON a.i = b.i
```

■ Temporary Table을 사용하지 않고 SELECT 성능을 측정

- Step 01: 조회 대상이 되는 데이터 20건을 무작위로 추출. 단, 데이터는 1 ~ 10,000,000 사이의 값
- Step 02: IN 구문으로 데이터 20건 조회

```
SELECT a.i, a.c1, a.c2
FROM dbatest a
WHERE a.i IN (
    1,2,3,4,5,6,7,8,9,10,
    11,12,13,14,15,16,17,18,19,20
)
```

**그림 4-2** Temporary Table 사용 유무에 따른 SELECT 성능 비교 1

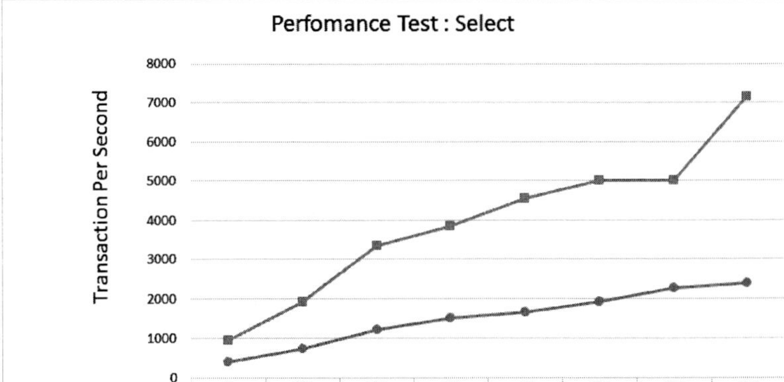


| | 5 | 10 | 20 | 30 | 40 | 50 | 100 | 200 |
|---|---|---|---|---|---|---|---|---|
| Temporary Table | 400 | 757 | 1219 | 1515 | 1666 | 1923 | 2272 | 2380 |
| None-Temporary Table | 961 | 1923 | 3333 | 3846 | 4545 | 5000 | 5000 | 7142 |

동시 접속 수가 많아질수록 Temporary Table을 사용하지 않고 데이터를 조회하는 것이 훨씬 효율적인 것으로 측정되었다. 이러한 결과는 Temporary Table을 위와 같이 사용하면 데이터를 SELECT하는 쿼리 외에 추가로 Temporary Table 생성/제거 및 Temporary Table에 데이터를 넣는 프로세스를 거치기 때문이다.

만약 매번 Temporary Table을 재생성하지 않고 재활용할 수 있는 구조로 데이터를 처리했다면 전혀 다른 결과가 나올 수 있다. 통계를 추출할 때 중간 처리 데이터를 임시 저장하거나 자주 읽히는 데이터만 임시로 저장하여 공유하는 경우를 예로 들 수 있다. SELECT 성능 테스트에서는 동시 데이터 처리량을 20건으로 제한하였다. 동시 데이터 처리를 1,000건으로 늘려서 성능을 측정한다면 어떤 결과가 나올까? 그래서 이번 테스트에서는 위와 동일한 순서로 테스트를 진행하되 1,000건씩 데이터를 무작위로 생성하여 데이터를 처리하고 성능을 비교하였다. 테스트 결과는 그림 4-3과 같으며 Temporary Table 없이 IN 구문으로만 데이터를 처리하는 것이 여전히 성능이 좋았다. 앞선 결과와 차이가 크지 않은 것은 SELECT 쿼리 자체 부하가 전체적으로 늘었기 때문이다.

**그림 4-3** Temporary Table 사용 유무에 따른 SELECT 성능 비교 2

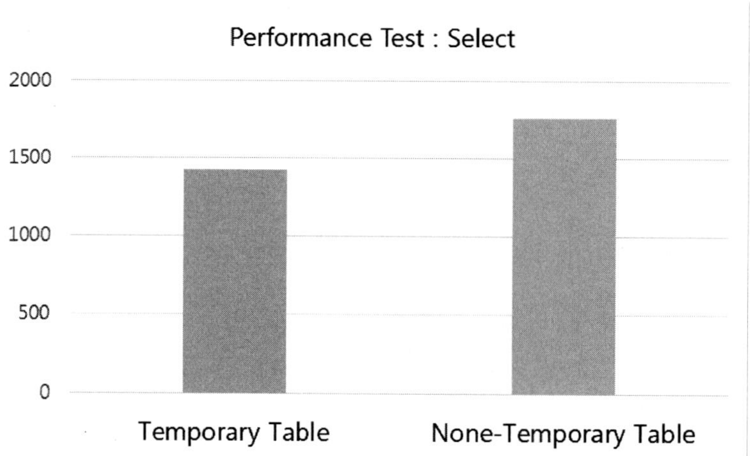


Tempoary Table을 사용한 테스트 중 다음과 같이 query end 상태로 약 20초 대기 상태로 빠지는 경우가 발생하였다. 이는 내부적인 메모리 경합 및 데이터 Flush 지연으로 인한 복합적인 요소에 의해 발생한 것이다.

```
¦ Query                 ¦  15 ¦  query end ¦  DROM TEMPORARY TABLE IF  ¦
¦ Query                 ¦  15 ¦  query end ¦  DROM TEMPORARY TABLE IF  ¦
¦ Query                 ¦  15 ¦  query end ¦  DROM TEMPORARY TABLE IF  ¦
¦ Query                 ¦  15 ¦  query end ¦  DROM TEMPORARY TABLE IF  ¦
¦ Query                 ¦  15 ¦  query end ¦  CREATE TEMPORARY TABLE 1 ¦
```

### 4.7.3 벤치마킹 결과 : UPDATE

Temporary Table 사용 유무에 따른 UPDATE의 성능을 비교해보겠다. 위 테스트와 동일하게 데이터 변경 작업을 무작위로 20건씩 동시에 수행하도록 테스트 시나리오를 구성하였으며, 자세한 내용은 다음과 같다.

■ **Temporary Table을 사용하여 UPDATE 성능을 측정**

- Step 01: Temporary Table 제거(DROP)

```
DROP TEMPORARY TABLE if exists tmp_ dbatest_12;
```

- Step 02: Temporary Table 생성(CREATE)

```
CREATE TEMPORARY TABLE tmp_dbatest_12(
  i int not null, primary key(i) ) engine = memory;
```

- Step 02: Temporary Table에 무작위로 데이터 20건을 입력(INSERT). 단, 데이터는 1 ~ 10,000,000 사이의 값

```
INSERT INTO tmp_dbatest_12 VALUES
(1), (2), (3), (4), (5), (6), (7), (8), (9), (10),
(11), (12), (13), (14), (15), (16), (17), (18), (19), (20);
```

- Step 04: Temporary Table과 테이블을 조인하여 데이터 변경

```
UPDATE dbatest a
INNER JOIN tmp_dbatest_12 b ON a.i = b.i
SET a.c1 = a.c1 + 10, a.c2 = a.c2 + 10000i
```

■ Temporary Table을 사용하지 않고 UPDATE 성능을 측정

- Step 01: 조회 대상이 되는 데이터 20건을 무작위로 추출. 단, 데이터는 1 ~ 10,000,000 사이의 값
- Step 02: PreparedStatement를 사용하여 다음 쿼리를 20번 반복하여 수행

```
UPDATE dbatest SET c1 = c1 + 10, c2 = c2 + 10000 WHERE i = ?
```

성능 테스트 결과는 다음과 같다.

**그림 4-4** Temporary Table 사용 유무에 따른 UPDATE 성능 비교

| | 5 | 10 | 20 | 30 | 40 | 50 | 100 | 200 |
|---|---|---|---|---|---|---|---|---|
| Temporary Table | 373 | 746 | 1250 | 1562 | 1785 | 2000 | 2272 | 2380 |
| None-Temporary Table | 102 | 212 | 352 | 462 | 568 | 666 | 1000 | 961 |

UPDATE에서는 매번 UPDATE 쿼리를 수행하는 것보다 Temporary Table을 사용하는 것이 상당한 효과를 보였다. 테이블에서 데이터를 READ 혹은 WRITE 처리할 때는 'Permission Check → Open Table → Process → Close Table'과 같은 일련의 과정이 필요하다. 그런데 UPDATE를 실행하면 위의 과정을 매번 반복하지만 Temporary Table을 사용하여 데이터를 일괄 변경하면 단 한 번만 위 과정이 발생한다. 별도로 그래프로 표현하지는 않았지만 동시 데이터 처리 건수를 조금씩 늘려가면서 측정한 결과 대략 10건 이상의 데이터를 업데이트하는 경우에

Temporary Table을 사용하면 큰 효과가 있는 것으로 나타났다.

이제 성능 테스트 결과를 정리해보자.

① SELECT할 때는 Temporary Table을 사용하지 않는다.

- Temporary Table을 사용하여 SELECT하면 매번 불필요한 데이터 처리 (DROP/CREATE/INSERT/JOIN)가 발생
- 단, 대용량 데이터 분석 시 중간 단계에서 데이터를 임시로 저장하여 공유하는 용도라면 효율적일 수 있음

② 10건 이상 UPDATE할 때는 Temporary Table을 활용하는 것이 효과적이다.

- 서비스 로직에 따라 동시에 많은 데이터를 업데이트할 경우에는 효율적임
- 단, 다음 절에서 설명할 트랜잭션 Isolation 레벨에 따른 데이터 처리 시 주의

## 4.8 트랜잭션의 Isolation 레벨에서 테이블 잠금이 발생할 수 있음을 기억하자

MySQL의 스토리지 엔진으로 InnoDB를 사용할 때, 전체 데이터를 스캔하는 쿼리를 실행할 경우 서비스에 처리하는 데이터에 잠금 현상이 발생할 수 있다. 쿼리 실행이 종료될 때까지 다른 세션에서는 테이블 안에 있는 데이터를 변경하지 못하기 때문에 서비스에 직접적인 영향이 있다. 이것은 InnoDB의 기본 Isolation 레벨이 REPEATABLE-READ이기 때문에 발생하는 현상으로, 세션 변수 일부를 변경하여 사전에 문제를 해결할 수 있다.

### 4.8.1 현상

MySQL에서 트랜잭션 Isolation 레벨은 기본적으로 'REPEATABLE-READ'이다. 이 상태에서 'INSERT INTO SELECT..' 혹은 'CREATE TABLE AS SELECT..'로 데이터를 처리하면 참조하는 테이블에 '테이블 단위 잠금'이 발생할 수 있다. 즉,

SELECT만 발생함에도 테이블의 데이터를 변경할 수 없는 기이한 현상이 발생하는 것이다. 트랜잭션 Isolation에 대한 내용은 "4.8.5 트랜잭션 Isolation 레벨"을 참고하라.

```
SHOW VARIABLES LIKE 'tx_isolation';
+---------------+-----------------+
| Variable_name | Value           |
+---------------+-----------------+
| tx_isolation  | REPEATABLE-READ |
+---------------+-----------------+
```

### 4.8.2 INSERT INTO SELECT

SELECT 결과를 특정 테이블에 바로 넣는 경우다. 일반적으로 애플리케이션 없이 DB상에서 직접 통계 데이터를 추출하고 저장할 때 종종 활용한다.

**세션1 기본 쿼리**

```
INSERT into test
SELECT
    act_type,
    to_uid,
    act_time,
    to_user_name,
    before_user_name,
    count(*) cnt
FROM activity_test
GROUP BY act_type, to_uid, act_time,
        to_user_name, before_user_name;
```

**세션2** 테이블에 데이터 변경

```
UPDATE activity_test SET ACT_TYPE = 105 LIMIT 10;
```

**세션3** UPDATE SQL는 Updating 상태 (SHOW PROCESSLIST 결과)

```
************************* 1. row *************************
     Id: 255867
   User: root
   Host: localhost
     db: snsfeed
Command: Query
   Time: 1
  State: Updating
   Info: update activity_test set ACT_TYPE = 105 limit 10
************************* 2. row *************************
     Id: 255962
   User: root
   Host: localhost
     db: snsfeed
Command: Query
   Time: 2
  State: Copying to tmp table
   Info: insert into activity_test_stat2 SELECT act_type,
```

DELETE 작업 시 UPDATE와 같이 대기 현상 또는 데드락[Deadlock] 오류가 발생한다.

```
DELETE FROM activity_test LIMIT 10;
ERROR 1213 (40001): Deadlock found when trying to get lock; try restarting
transaction
```

### 4.8.3 CREATE TABLE AS SELECT

SELECT 결과로 테이블을 생성하는 경우다. 앞에서와 마찬가지로 데이터로 결과를 Temporary Table 생성 시에 자주 활용한다.

**세션1** 기본 쿼리

```
CREATE TABLE activity_test_stat AS
  SELECT
    act_type,
    to_uid,
    act_time,
    to_user_name,
    before_user_name,
    count(*) cnt
  FROM activity_test
  GROUP BY act_type, to_uid, act_time,
        to_user_name, before_user_name;
```

**세션2** 테이블에 데이터 변경

```
UPDATE activity_test set ACT_TYPE = 105 LIMIT 10;
```

**세션3** UPDATE SQL는 "Updating" 상태

```
************************* 1. row *************************
     Id: 255867
   User: root
   Host: localhost
     db: snsfeed
Command: Query
```

```
   Time: 2
  State: Updating
   Info: update activity_test set ACT_TYPE = 105 limit 10
*************************** 2. row ***************************
     Id: 255962
   User: root
   Host: localhost
     db: snsfeed
Command: Query
   Time: 4
  State: Copying to tmp table
   Info: CREATE table activity_test_stat as SELECT act_type,
```

DELETE 작업 시 UPDATE와 같이 대기 현상 또는 데드락 오류가 발생한다.

```
DELETE FROM activity_test LIMIT 10;
ERROR 1213 (40001): Deadlock found when trying to get lock; try restarting
transaction
```

### 4.8.4 오류 발생 원인

MySQL InnoDB 스토리지 엔진의 기본 Isolation 레벨이 REPEATABLE-READ로 설정되어 있기 때문에 발생한다. REPEATABLE-READ에서는 트랜잭션을 처리할 때 SELECT 결과의 일관성을 보장하기 위해 스냅샷Snapshot을 이용한다.

위와 같이 INSERT와 SELECT가 동시에 있는 경우에는 SELECT 결과를 보장하기 위해 암묵적으로 SELECT임에도 불구하고 데이터 잠금과 비슷한 효과가 나타난다. 즉, SELECT 작업이 종료될 때까지 해당 데이터 변경 작업을 할 수 없다.

### 4.8.5 트랜잭션 Isolation 레벨

그렇다면 트랜잭션 Isolation 레벨이란 무엇일까? 트랜잭션 Isolation 레벨이란 트랜잭션을 처리할 때 어느 수위까지 데이터의 일관성을 보장해줄 것이냐 하는 것이다. 일반적으로 네 가지의 수위가 있으며 각각의 내용은 다음과 같다.

READ UNCOMMITTED

- 다른 트랜잭션이 Commit 전의 상태를 볼 수 있음
- 바이너리 로그Binary Log가 자동으로 Row Based로 기록됨(Statement 설정 불가, Mixed 설정 시 자동 변환)

READ-COMMITTED

- Commit된 내역을 읽을 수 있는 상태로, 트랜잭션이 다르더라도 다른 특정 트랜잭션이 Commit을 수행하면 해당 데이터를 Read할 수 있음
- 바이너리 로그가 자동으로 Row Based로 기록됨(Statement 설정 불가, Mixed 설정 시 자동 변환)

REPEATABLE READ

- MySQL InnoDB 스토리지 엔진의 기본 Isolation 레벨
- SELECT 시 현재 데이터 버전의 스냅샷을 만들고 만든 스냅샷에서 데이터를 조회
- 동일 트랜잭션 내에서 데이터 일관성을 보장. 데이터를 다시 읽으려면 트랜잭션을 다시 시작해야 함

SERIALIZABLE

- 가장 높은 Isolation 레벨로 트랜잭션이 완료될 때까지 SELECT 문장이 사용하는 모든 데이터에 '공유 락Shared Lock'[05]이 걸림
- 다른 트랜잭션에서는 해당 영역에 관한 데이터 변경뿐만 아니라 입력도 불가

---

05 공유 락이 되면 다른 트랜잭션은 해당 데이터를 읽을 수는 있으나 수정할 수는 없는 상태가 된다.

Isolation 레벨에 관한 자세한 정보는 다음 MySQL 매뉴얼을 참조하라.

- http://dev.mysql.com/doc/refman/5.5/en/set-transaction.html

### 4.8.6 해결 방법

앞 테스트의 'INSERT INTO SELECT'에서 발생한 테이블 잠금은 'Isolation 레벨'을 READ-COMMITED나 READ-UNCOMMITED로 변경하여 해결할 수 있다. 다음과 같이 세션 설정을 변경한 후 CREATE TABLE AS SELECT, INSERT INTO SELECT를 수행하면 테이블 잠금 없이 데이터가 잘 처리되는 것을 확인할 수 있다.

```
SET SESSION transaction isolation level READ COMMITTED;
```

만약 Isolation 레벨을 영구적으로 READ-COMMITTED로 변경하고 싶다면 다음과 같이 글로벌(GLOBAL) 설정 후 기존 세션을 재시작한다.

```
SET GLOBAL transaction isolation level READ COMMITTED;
```

그리고 설정 파일에 반드시 관련 파라미터도 추가해야 한다.

```
vi /etc/my.cnf
## [mysqld] 설정에 추가
transaction-isolation = READ-COMMITTED
```

단, Isolation 레벨이 READ-COMMITTED인 경우에는 바이너리 로그 포맷을 MIXED로 설정해도 바이너리 로그가 ROW 기반으로 기록된다는 점을 반드시 기억해야 한다. 만약 MySQL 리플리케이션[06] 환경에서 시스템을 운영하고 있다면 설정을 변경한 후 반드시 데이터 동기화가 정상적으로 잘 이루어지고 있는지를 주기적으로 체크해야 한다.

---

06 MySQL에서 부하 분산 혹은 데이터 백업을 위해 사용하는 기법으로, 마스터 서버에서 발생한 변경 이력을 슬레이브 서버로 전송, 적용하여 두 서버 간 데이터 일관성을 유지한다.

# 5 | 스키마 레벨에서의 접근법

## 5.1 인덱스는 적재적소에 배치하자

### 5.1.1 MySQL InnoDB에서 Primary Key는 성능에 직접적인 영향을 준다

MySQL의 InnoDB에서는 Primary Key 순서로 데이터가 저장된다. Primary Key는 데이터에 접근하는 물리적인 주소로 사용된다고 봐도 된다. MS-SQL의 클러스터 인덱스Cluster Index, 오라클의 IOTIndex Organized Table라는 개념이 MySQL에서는 Primary Key로 구현된 것이다(오라클의 클러스터 테이블Cluster Table과는 다른 개념이다). 즉, '인덱스 순서'로 데이터가 정렬되어 디스크에 저장된다.

예를 들어 다음과 같이 Primary Key로 정의된 테이블에서 〈칼럼 1〉과 〈칼럼 2〉의 데이터가 다음과 같이 유입되었다고 가정해보자.

| 칼럼 1 | 칼럼 2 | 칼럼 3 | 칼럼 4 | 칼럼 5 | 칼럼 6 |
|---|---|---|---|---|---|
| 10 | 1 | data1 | data2 | data3 | data4 |
| 20 | 9 | data1 | data2 | data3 | data4 |
| 30 | 2 | data1 | data2 | data3 | data4 |
| 30 | 3 | data1 | data2 | data3 | data4 |
| 30 | 4 | data1 | data2 | data3 | data4 |
| 40 | 0 | data1 | data2 | data3 | data4 |

'B+ Tree 알고리즘'에 따라 Leaf Node에 데이터가 저장된다. 그리고 〈칼럼 1〉과 〈칼럼 2〉는 Primary Key이기 때문에 순서대로 테이블에 저장될 것이다. 실제 DB에는 그림 5-1과 같은 모습으로 데이터가 저장된다.

**그림 5-1** B+ Tree 알고리즘에 따른 Primary Key 저장 순서

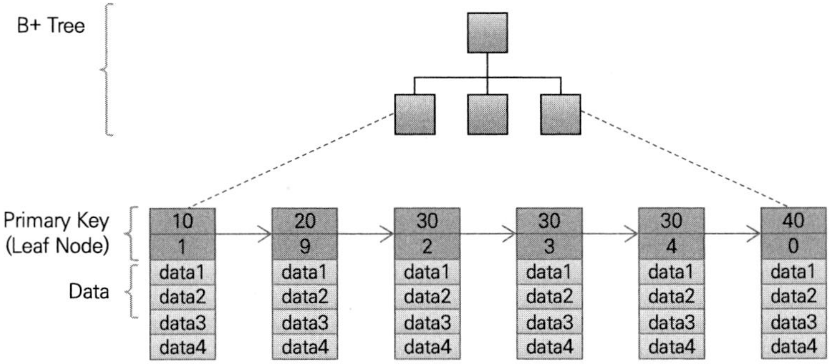


그림 5-1과 같이 데이터가 순차적으로 적재된다면 큰 문제가 없을 것처럼 보인다. 만약 Primary Key 값이 (21, 30)인 데이터를 넣는다면 어떻게 될까?

**그림 5-2** Primary Key 값이 (21, 30)인 데이터를 추가했을 때의 데이터 저장 순서

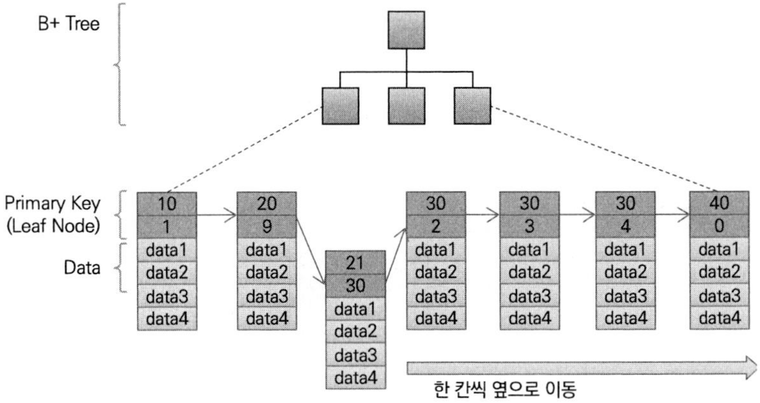

데이터 한 건을 저장하기 위해 네 건의 데이터가 한 칸씩 물리적으로 이동하게 된다. 이러한 데이터 구조는 인덱스가 데이터의 물리적인 위치와 밀접하게 연관되어 있기 때문에 접근을 빨리할 수 있으나 인덱스 칼럼의 변경이 자주 일어나면 DB의 성능이 상당히 저하된다. 특히 칼럼 수가 많거나 문자열 칼럼이 많은 경우에는 성능이 더욱 저하된다. 인덱스 칼럼 데이터가 변경되면 전체 행을 순서에 맞게 이동시켜야 하기 때문이다.

어느 경우나 마찬가지겠지만 데이터가 적을 때는 문제가 되지 않는다. 하지만 데이터 크기가 비대해지면 위와 같은 현상은 큰 문제가 된다. 만약 UUID와 같이 무작위로 Primary Key를 생성하여 테이블에 데이터를 넣으면 데이터가 누적됨에 따라 점차적으로 성능이 저하될 것이고 극심한 Disk I/O Wait에 빠져 서비스 품질이 크게 떨어질 수 있다. 데이터를 테이블에 넣을 때마다 위와 같이 순서에 맞게 이동시켜야 하기 때문이다.

표 5-1은 문자열 칼럼이 많은 테이블에서 Primary Key를 무작위로 넣을 때와 순차적으로 넣을 때의 성능을 비교한 것이다. 1회 테스트 시 데이터를 200만 건씩 넣었다.

**표 5-1** Primary Key를 무작위로 테이블에 넣을 때와 순차적으로 테이블에 넣을 때의 성능 비교

| 구 분 | 수 행 | 소요 시간 |
|---|---|---|
| 무작위로 Primary Key를 넣을 때 | 3회 | 41.81초 |
| | 4회 | 4분 8.45초 |
| | 5회 | 24분 8.85초 |
| 순차적으로 Primary Key를 넣을 때 | 3회 | 21.17초 |
| | 4회 | 21.64초 |
| | 5회 | 22.75초 |

표 5-1의 결과를 보면 MySQL에서 Primary Key 순서가 성능에 얼마나 직접적인 영향을 미치는지 확연히 알 수 있다. 그렇다면 Primary Key를 저장하지 않을 경우 어떤 상황이 벌어질까?

- 인덱스 중 Unique 속성이 있는 Key를 Primary Key로 대체 사용
- Primary Key 선언도 없고 Unique Key도 없으면 내부적으로 6B 크기의 대체 Primary Key를 생성하여 사용

결과적으로 모든 InnoDB는 Primary Key를 선언하지 않아도 내부적으로는 Primary Key를 가지고 있다는 것을 반드시 기억해야 한다.

### 5.1.2 불필요한 인덱스는 과감하게 삭제하자

많은 사람이 인덱스가 많으면 DB 성능이 무조건 좋아진다고 생각한다. 인덱스가 있으면 데이터를 빨리 가져올 수 있고 관련 DISK I/O 혹은 메모리 연산 작업을 최소화해주기 때문일 것이다.

하지만 반드시 기억해야 할 것이 있다. 바로 인덱스도 데이터라는 것이다. 일반 데이터와 다르게 인덱스는 수시로 메모리상에서 구조가 변화하는 동적인 데이터다. 때로는 불필요한 인덱스가 생성되어 있는 것도 볼 수 있는데, 이러한 인덱스는 아예 사용이 안 되는 경우도 비일비재하다.

예를 들어 다음과 같은 테이블에는 두 개의 불필요한 인덱스가 있다.

```
CREATE table `test_0_index` (
  `i` int(10) unsigned NOT NULL AUTO_INCREMENT,
  `j` int(10) unsigned NOT NULL,
  `s` varchar(64) NOT NULL,
  `d` datetime NOT NULL,
  PRIMARY KEY (`i`),
```

```
  key idx_j(j),
  key idx_d(d),
  key cidx_jd(j, d),
  key cidx_dj(d, j)
);
```

어떤 인덱스가 불필요한 인덱스일까? 먼저 인덱스 idx_j와 idx_d는 불필요한 인덱스다. cidx_jd와 cidx_dj 인덱스에서 각 칼럼을 복합 인덱스 형식으로 구성하였기 때문에 j 혹은 d만으로 데이터를 조회하는 쿼리 요청이 와도 정상적으로 데이터를 빠르게 추출한다.

그렇다고 무조건 idx_j와 idx_d를 제거해서는 안 된다. 만약 d로 데이터를 검색한 결과를 i 칼럼(Primary Key) 순서(혹은 역순)로 가져오는 게 목적이라면, cidx_dj가 오히려 필요없는 인덱스다. idx_d로 검색한 결과는 Primary Key 순으로 나오지만 cidx_dj 인덱스에서 d로 검색한 결과는 j 순서로 나오기 때문이다. 따라서 인덱스를 정리하기 전에 인덱스의 사용 목적을 정확히 해두어야 한다.

### 5.1.3 인덱스 개수에 따른 데이터 변경 테스트

인덱스 하나가 테이블 데이터 입력 성능에 얼마나 영향을 미칠까? 간단히 다음과 같이 인덱스 관련 데이터 입력 테스트를 수행해보자.

① 테이블 생성

```
## Primary Key만 있는 테이블 생성
CREATE TABLE `test_0_index` (
  `i` int(10) unsigned NOT NULL AUTO_INCREMENT,
  `j` int(10) unsigned NOT NULL,
  `s` varchar(64) NOT NULL,
  `d` datetime NOT NULL,
```

```
  PRIMARY KEY (`i`)
);

## 테이블 스키마 복제
mysql> CREATE TABLE test_1_index LIKE test_0_index;
mysql> CREATE TABLE test_2_index LIKE test_0_index;
mysql> CREATE TABLE test_3_index LIKE test_0_index;

## 인덱스 1개 생성
mysql> ALTER TABLE test_1_index ADD key j1(j);

## 인덱스 2개 생성
mysql> ALTER TABLE test_2_index ADD key j1(j), ADD key j2(j);

## 인덱스 3개 생성
mysql> ALTER TABLE test_3_index ADD key j1(j), ADD key j2(j), ADD key j3(j);
```

눈치 빠른 독자라면 위 인덱스 생성 스크립트를 보고 동일한 칼럼에 인덱스를 중복 생성했다는 사실을 알 수 있을 것이다. MySQL은 특정 칼럼의 인덱스를 중복 생성해도 인덱스 이름만 겹치지 않는다면 경고나 에러가 발생하지 않는다. 따라서 인덱스를 생성할 때는 기존에 같은 역할을 하는 인덱스가 있는지 반드시 확인해야 한다.

② 데이터 INSERT 성능 테스트

앞에서 생성한 데이터 131,072건을 넣는다.

```
## 인덱스가 없는 경우
mysql> INSERT INTO test_0_index SELECT * FROM test;

## 정수형 칼럼에 인덱스 1개 추가
```

```
mysql> INSERT INTO test_1_index SELECT * FROM test;

## 정수형 칼럼에 인덱스 2개 추가
mysql> INSERT INTO test_2_index SELECT * FROM test;

## 정수형 칼럼에 인덱스 3개 추가
mysql> INSERT INTO test_3_index SELECT * FROM test;
```

③ 결과

당연한 이야기겠지만 인덱스가 늘어날수록 데이터 INSERT 성능은 크게 떨어진다. 인덱스는 데이터에 접근하기 위한 필수 요소지만 많은 것이 무조건 좋은 것은 아니다. 인덱스도 CPU와 메모리 자원을 소비하는 데이터라는 점을 반드시 기억하기 바란다.

| 인덱스 수 | 0개 | 1개 | 2개 | 3개 |
|---|---|---|---|---|
| 시간 | 4.14초 | 7.81초 | 10.40초 | 12.61초 |

## 5.2 테이블 파티셔닝을 활용해 대용량 데이터를 관리하자

### 5.2.1 파티셔닝 간단히 이해하기

파티셔닝은 하나의 커다란 데이터를 여러 개의 데이터로 분할 저장함으로써 데이터 선택 효율을 높이는 기법이다.

**그림 5-3** 테이블 파티셔닝의 개념

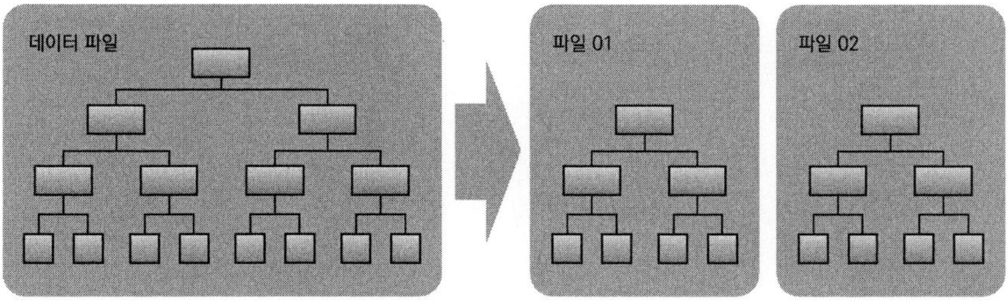


그림 5-3과 같이 데이터를 분할 저장하면 특정 데이터를 찾을 때 필요한 데이터 파일에만 접근하기 때문에 효율이 높아진다.

특히 InnoDB에서는 Primary Key 순으로 데이터가 저장되기 때문에 무작위로 Primary Key를 생성하여 INSERT를 수행하면 성능이 급격히 저하될 수 있다. 이 경우 테이블에 파티셔닝을 적용하면 비효율을 어느 정도 극복할 수 있다. 하지만 파티셔닝 사용에는 다음과 같은 몇 가지 제약 사항이 있다.

1. 파티셔닝 키는 Primary Key와 연관된 칼럼이어야 한다.
2. 파티셔닝 사용 시 Unique Key 혹은 Foreign Key와 같은 제약 조건을 추가할 수 없다(단, Unique Key가 Primary Key로 사용되는 경우는 제외).
3. 파티셔닝 적용 시 풀텍스트 인덱싱 혹은 스파셜 인덱싱 기능은 사용할 수 없다.
4. 데이터 조회 시 반드시 파티셔닝 키가 포함되어야 하며 그렇지 않은 경우 전체 데이터 파일을 스캔한다.

Primary Key 외에 Unique 속성이 반드시 필요하다면 파티셔닝 때문에 로직이 복잡해질 수 있다. 또한 InnoDB인 경우 Primary Key의 크기가 커질 수 있기 때문에 전체적인 인덱스 사이즈도 커질 수 있다. InnoDB에서는 Primary Key 이외의 보조 인덱스는 Primary Key를 값으로 가지기 때문이다(색인을 예로 들면 검색어가 인덱스 키가 되고 페이지 번호가 인덱스 값이 된다). 자세한 내용은 1.3절을 참고하기 바란다.

이러한 제약은 대용량 데이터를 처리하기 위한 어느 정도의 '트레이드 오프Trade-Off'[01]다. 이제 파티셔닝 사용에 대해서 알아보자.

### 5.2.2 파티셔닝을 알맞게 사용하여 성능을 유지하자

파티셔닝을 적절하게 사용하면 성능 향상에 큰 도움이 된다. 특히 InnoDB인 경우 Primary Key가 순차적으로 들어올 수 없는 환경에서 파티셔닝은 큰 효과가 있다. InnoDB에서는 Primary Key 순으로 테이블에 데이터가 저장되므로 무작위로 Primary Key가 들어오면 디스크 I/O를 최대한 줄일 수 있기 때문이다.

오라클에서 MySQL로 데이터를 이관할 경우 MySQL 특성에 맞게 테이블이 설계되지 않는 경우를 흔히 볼 수 있다. 이 경우 파티셔닝을 적절하게 사용하면 이와 같은 문제를 최소화할 수 있다.

여기서는 날짜 단위로 저장되는 테이블을 효과적으로 파티셔닝하는 방안에 대해서 알아보겠다.

#### ■ 파티셔닝 테이블 스키마

먼저 다음과 같이 파티셔닝 테이블을 생성한다. 파티셔닝 정의가 'LESS THAN'이므로 파티셔닝 파일명이 하루씩 작게 정의된다.

```
CREATE TABLE partition_test (
   ID varchar(50) NOT NULL,
   NAME varchar(40) NOT NULL,
   TYPE varchar(20) NOT NULL,
   DETAIL varchar(255) NOT NULL,
```

01 이율배반이라는 의미를 담고 있는 용어로, 두 목표 중 하나를 달성하려고 하면 다른 목표를 포기하거나 달성 시기를 늦추어야 한다는 의미다.

```
    REG_TIME datetime NOT NULL,
    KEY(ID)
) ENGINE=InnoDB
PARTITION BY RANGE (TO_DAYS(REG_TIME)) (
    PARTITION P_MIN VALUES LESS THAN (to_days('19000101')),
    PARTITION P_20110516 VALUES LESS THAN (to_days('20120517')),
    PARTITION P_20110517 VALUES LESS THAN (to_days('20120518')),
    PARTITION P_20110518 VALUES LESS THAN (to_days('20120519')),
    PARTITION P_20110519 VALUES LESS THAN (to_days('20120520')),
    PARTITION P_20110520 VALUES LESS THAN (to_days('20120521')),
    PARTITION P_20110521 VALUES LESS THAN (to_days('20120522')),
    PARTITION P_20110522 VALUES LESS THAN (to_days('20120523')),
    PARTITION P_MAX VALUES LESS THAN MAXVALUE
);
```

쿼리에서 P_MIN을 넣은 이유는 불필요한 파티셔닝 데이터 스캔을 방지하기 위해서다. 날짜 데이터를 파티셔닝한 상태에서 RANGE 파티셔닝 옵션으로 범위 검색(예를 들어 BETWEEN과 같은)을 하면 가장 앞단의 파티셔닝 파일을 스캔한다. 그런데 가장 앞단의 파티셔닝에 데이터가 수천만 건 저장되어 있다면 범위 검색을 할 때마다 대용량 데이터를 매번 스캔해야 하는 비효율이 발생한다. 즉, 불필요한 스캔을 방지하기 위해 생성한 깡통 파티셔닝이라고 보면 된다(MySQL 5.5 이상에서는 RANGE COLUMN 옵션으로 날짜를 파티셔닝해도 이러한 문제가 발생하지 않는다).

날짜 데이터를 RANGE로 파티셔닝한 경우에만 발생하며, MySQL 5.5 버전에 신규로 추가된 RANGE COLUMN을 사용하면 문제가 발생하지 않는다. 다음과 같이 BETWEEN문이 있는 SQL을 'EXPLAIN PARTITIONS'로 파티셔닝 실행 계획을 확인해보면 P_MIN 파티셔닝 파일이 질의 시에 사용되는 것을 확인할 수 있다. 물론 동등 조건(REG_TIME = '20120517'과 같은)은 P_MIN 파티션을 확인하지 않는다.

```
mysql> EXPLAIN PARTITIONS
    -> SELECT * FROM partition_test
    -> WHERE REG_TIME BETWEEN '20120517' AND '20120518';

+----+-------------+----------------+---------------------------+
| ID | Select_type | Table          | Partitions                |
+----+-------------+----------------+---------------------------+
|  1 | SIMPLE      | partition_test | P_MIN,P_20110517,P_20110518 |
+----+-------------+----------------+---------------------------+
```

■ **파티셔닝 추가**

파티셔닝을 하나 더 추가하기 위해 다음과 같이 P_MAX 파티셔닝 테이블을 재정의한다. 여기서 P_MAX 파티션에 데이터가 많으면 파티셔닝이 추가되는 동안 테이블 잠금이 발생하여 서비스에 영향을 줄 수 있으므로, 재정의 전에 반드시 확인하는 습관을 들이도록 하자.

```
ALTER TABLE partition_test REORGANIZE PARTITION P_MAX INTO (
      PARTITION P_20120523 VALUES LESS THAN (to_days('20120524')),
      PARTITION P_MAX VALUES LESS THAN MAXVALUE
);
```

■ **파티셔닝 삭제**

이전 파티셔닝 파일을 제거하려면 다음과 같이 수행한다.

```
ALTER TABLE partition_test DROP partition P_20110516;
```

파티셔닝 파일 제거 실행은 'DROP 테이블'과 같은 효과로, 수행 후 데이터는 즉시 디스크에서 사라진다. 따라서 파티션을 제거하기 전에 해당 파티션에 있는 데이터를 백업하고 사용하는 것을 권장한다.

■ **파티셔닝 관리 스크립트**

앞에서 설명한 것처럼 파티셔닝 테이블을 일일이 수동으로 생성하거나 삭제할 수 있다. 하지만 스크립트를 이용하여 하루에 한 번씩 파티셔닝 파일을 자동으로 생성하는 것이 보다 효율적이다.

다음은 통계 수집 DB를 튜닝할 때 파티셔닝을 관리하기 위해 간단하게 작성한 스크립트다. 단순한 파티셔닝 관리라면 약간만 변경하여 DB에 사용할 수 있다. 파티셔닝할 테이블과 칼럼을 "테이블명:칼럼명" 형식으로 SERVERS 변수(하단 붉은 표시)에 넣어서 사용하면 된다.

```
#!/bin/sh
MYSQL_HOME = "/usr/local/mysql"
EXECUTE_QUERY = "$MYSQL_HOME/bin/mysql -u아이디 -p패스워드 -e "

## 서버 목록 배열 "TABLE명:파티셔닝필드"로 정의
SERVERS = (
  "table_name01:column01"
  "table_name02:column02"
  "table_name03:column03"
)

## 신규 파티셔닝 날짜
new_sdays = $1
new_edays = `expr $new_sdays + 1`

## 지울 파티셔닝 날짜
del_sdays = $2
del_edays = `expr $del_sdays - 1`

new_sdate = `date -d " + $new_sdays days" + %Y%m%d`
```

```
new_edate = `date -d "+$new_edays days" + %Y%m%d`
del_sdate = `date -d "-$del_sdays days" + %Y%m%d`
del_edate = `date -d "-$del_edays days" + %Y%m%d`

for INFO in ${SERVERS[@]}
do

tbl = `echo $INFO | cut -d: -f1`
col = `echo $INFO | cut -d: -f2`

## 신규 파티션 생성 쿼리
query = " ALTER table testdb.$tbl
  REORGANIZE PARTITION P_MAX into (
  PARTITION P_$new_sdate VALUES LESS THAN (TO_DAYS('$new_edate')),
  PARTITION P_MAX VALUES LESS THAN MAXVALUE
)"
## 적용
$EXECUTE_QUERY "$query"

## 데이터를 다른 DB로 복사하는 쿼리
query = " INSERT INTO backupdb.$tbl
SELECT * FROM testdb.$tbl
WHERE $col >= '$del_sdate'
    AND $col < '$del_edate' "

## 적용
$EXECUTE_QUERY "$query"

## 파티션 삭제 쿼리
query = " ALTER table testdb.$tbl DROP PARTITION P_$del_sdate"

## 적용
```

```
$EXECUTE_QUERY "$query"
done
```

셸 스크립트 실행 시 신규 파티셔닝 날짜와 삭제할 파티셔닝 날짜를 다음과 같이 함께 넣어서 실행한다.

```
./start_partition.sh 2 45
```

## 5.3 트리거로 제약을 뛰어넘는 날개를 달아주자

### 5.3.1 CRC32로 인덱스 사이즈를 줄여보자

인덱스도 메모리, 디스크, CPU 연산이 필요한 데이터다. 인덱스가 커지면 그만큼 메모리 효율은 떨어지고 이유 없이 디스크의 READ/WRITE가 많아질 수밖에 없다.

InnoDB는 인덱스가 실제 데이터보다 더 큰 경우가 자주 있다. 따라서 인덱스 사이즈를 확인하고 인덱스 사이즈를 최대한 줄이는 것이 성능상 좋다. 다음은 현재 사용하고 있는 테이블의 현황을 간단하게 조회할 수 있는 쿼리다.

```
SELECT
    CONCAT(TABLE_SCHEMA,'.',TABLE_NAME) TABLE_NAME,
    CONCAT(ROUND(TABLE_ROWS/1000000, 2),'M') ROWS,
    CONCAT(ROUND(DATA_LENGTH/(1024*1024), 2),'M') DATA,
    CONCAT(ROUND(INDEX_LENGTH/(1024*1024), 2),'M') IDX,
    CONCAT(ROUND((DATA_LENGTH+INDEX_LENGTH)/(1024*1024), 2),'M') TOTAL_SIZE,
    ROUND(INDEX_LENGTH/DATA_LENGTH, 2) IDXFRAC,
    ENGINE
FROM INFORMATION_SCHEMA.TABLES
WHERE TABLE_SCHEMA NOT IN ('mysql', 'information_schema', 'performance_schema')
ORDER BY DATA_LENGTH+INDEX_LENGTH DESC;
```

그렇다면 어떻게 인덱스 사이즈를 줄일 수 있을까? 필요 없는 인덱스가 있는지 확인한 후 이를 제거하는 것이 인덱스 사이즈를 줄이기 위해 가장 먼저 해야 할 일이다. 문자열 인덱스라면 '트리거 + CRC32'로 사이즈를 줄일 수 있다.

트리거는 '방아쇠'라는 의미로, DB에서는 테이블에 특정 액션이 발생하는 경우 동시에 처리해야 하는 작업이다. CRC[Cyclic Redundancy Check]는 일반적으로 네트워크로 통해 데이터를 전송하는 경우 전송한 데이터에 오류가 있는지를 확인하기 위해 사용하는 체크값을 결정하는 방식을 말한다. MySQL에서는 CRC32 함수를 제공하며, 특정 문자열을 넣었을 때 32비트의 UNSIGNED형으로 코드를 리턴해준다. 다음과 같은 테이블 구조를 살펴보자.

```
CREATE TABLE test (
  seq int NOT NULL primary key auto_increment,
  user_no int NOT NULL,
  url varchar(128) NOT NULL,
  reg_date datetime NOT NULL,
  key ix_url(url)
)
```

테이블에 데이터 한 건이 쌓일 때마다 URL을 인덱싱하기 위해 "url 데이터 사이즈 + 4" 바이트의 공간을 더 소모한다. 테이블에 데이터 건수가 적다면 큰 문제가 없겠지만 데이터가 지속적으로 누적되면 DB 성능이 급격히 저하된다.

이런 상황을 해결하기 위해 url에 해당하는 별도의 CRC32 값을 생성하고 그 결과를 추가 칼럼에 저장하여 인덱스 사이즈를 크게 줄일 수 있다. 데이터에 INSERT 요청이 들어오면 트리거에서는 문자열 데이터로 CRC32 함수를 호출하여 UNSIGNED형 정수값을 받는다. 그리고 CRC32의 결과값인 UNSIGNED 데이터를 별도 칼럼으로 관리하여 대체 인덱스로 사용하자는 것이다.

다음과 같이 'unsigned int'와 인덱스를 추가한다.

```
CREATE TABLE test (
  seq int NOT NULL primary key auto_increment,
  user_no int NOT NULL,
  url varchar(128) NOT NULL,
  reg_date datetime NOT NULL,
  url_crc unsigned int NULL,
  key ix_url(url_crc)
)
```

그리고 다음과 같이 데이터 변경을 요청할 때 동시에 수행할 내용을 트리거에 정의한다. 데이터를 변경할 때 공백을 없애고 소문자로 변환한 후 CRC32 함수로 코드를 생성한다.

```
DELIMITER $$

## INSERT 트리거
CREATE TRIGGER trg_test_insert
BEFORE INSERT ON test
FOR EACH ROW
BEGIN
   SET NEW.url_crc = CRC32(LOWER(TRIM(NEW.url)));
END$$

## UPDATE 트리거
CREATE TRIGGER trg_test_update
BEFORE UPDATE ON test
FOR EACH ROW
BEGIN
```

```
    SET NEW.url_crc = CRC32(LOWER(TRIM(NEW.url)));
END$$

DELIMITER;
```

트리거를 사용하지 않아도 되지만 트리거를 사용하면 애플리케이션 개발 단계에서 누락할 수 있는 프로세스를 DB 테이블 단계에서 처리하기 때문에 문제가 발생할 가능성을 최소화할 수 있다.

그렇다고 트리거를 지나치게 사용해서는 안 된다. 과유불급이라는 말을 절대 잊지 말자. 특히 다른 테이블을 참조하는 경우에는 트리거 때문에 트랜잭션 실패가 발생할 수도 있다. 예를 들어 트리거에서 참조하는 테이블을 실수로 DROP 처리하는 경우를 예로 들 수 있다.

데이터 조회는 다음과 같이 url과 url_crc 모두 조건에 넣어서 수행한다.

```
SELECT * FROM test
WHERE url = 'http://gywn.net'
AND url_crc = CRC32(LOWER(TRIM('http://gywn.net')));
```

물론 이 경우 url_crc 값이 중복이 될 수도 있지만 url에서 다시 필터링하므로 결과는 정상적으로 나온다. URL에 대응되는 CRC 코드는 4바이트 UNSINGED 정수값이고 일부 경우 중복될 수도 있다. 그러나 중복 빈도는 약 43억 번에 한 번 발생할 것(4바이트 UNSINGED형 데이터의 최대값)이므로 URL에 대체 인덱스로 사용해도 빠르게 데이터를 조회할 수 있는 효과를 볼 수 있다(필자가 Amazon RDS[02]에 적용하여 메모리 효율을 크게 높인 사례가 있어서 정리한 것이다).

02 http://aws.amazon.com/ko/rds/

### 5.3.2 통계 테이블을 적절히 사용하자

서비스를 수행하다 보면 데이터 수를 세는 로직이 필요한 경우가 많다. 예를 들어 데이터 페이징을 위해 데이터 수를 카운트하는데, 페이징을 계산하려면 반드시 전체 데이터 수가 필요하다. 어느 경우나 마찬가지로 데이터 수가 크지 않다면 큰 문제가 없겠지만 데이터가 누적되어 대용량화되면 어느 시점부터는 성능에 커다란 저해 요소가 된다.

이러한 경우에 통계 테이블을 적절하게 도입해서 관리하면 매번 데이터 건수를 확인하는 카운트 쿼리를 실행하지 않고도 현재 필요한 카운트 정보를 바로 가져올 수 있다. 그림 5-4에서 매번 'RED'인 데이터 건수를 카운트 쿼리로 결과를 얻었지만 색깔별 데이터 카운트를 관리하면 데이터 카운트 현황을 바로 가져올 수 있다.

**그림 5-4** 통계 테이블을 이용한 데이터 관리

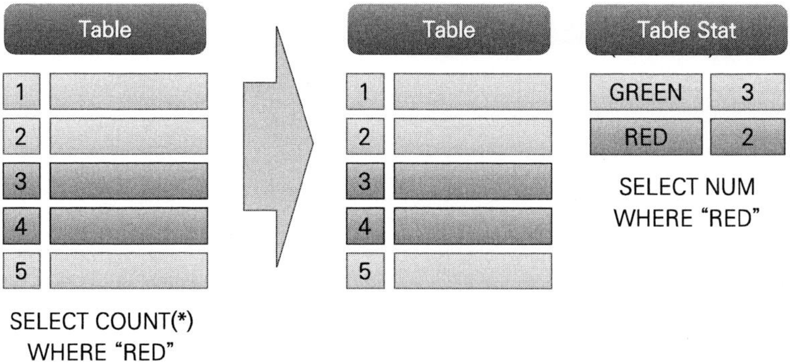


그림 5-4와 같이 데이터를 처리하려면 로직을 일부 변경해야 한다. 데이터를 INSERT하는 로직만 있었다면 데이터를 INSERT한 후 데이터 카운트를 변경하는 로직을 추가해야 한다. 다음 테이블을 살펴보자.

```
CREATE TABLE log(
 no int NOT NULL primary key auto_increment,
```

```
  name varchar('16') NOT NULL,
  cont text NOT NULL,
  regdate date NOT NULL
);
```

특정 일의 데이터 통계를 구하는 서비스를 구현하려면 다음과 같이 간단한 쿼리를 사용하면 된다.

```
SELECT count(*) FROM log WHERE name = 'RED';
```

만약 하루에 한 번씩 호출되는 쿼리라면 큰 문제가 없겠지만 애플리케이션에서 자주 위와 같은 쿼리를 호출한다면 서비스 성능에 엄청난 타격을 준다.

이 문제를 해결하기 위해 통계성 테이블을 다음과 같이 추가한다.

```
CREATE TABLE log_stat(
  name varchar('16') NOT NULL,
  name_count int NOT NULL,
  primary key(name)
);
```

그리고 데이터를 INSERT할 때 log_stat에 관련 건수를 업데이트한다.

```
INSERT INTO log_stat (name, name_count) VALUES ('RED', 1)
  ON DUPLICATE KEY UPDATE name_count = name_count + 1;
```

RED 데이터 카운트는 다음과 같이 수행한다.

```
SELECT name_count FROM log_stat WHERE name = 'RED';
```

이렇게 하면 RED의 데이터 수를 찾기 위해 매번 log 데이터 카운트를 수행하지 않아도 된다. 따라서 서비스 품질이 향상될 뿐만 아니라 DB 효율도 자연스럽게 높아진다.

# 6 | 스토리지 엔진 레벨에서의 접근법

## 6.1 InnoDB만 고집하지 말고 때로는 스토리지 엔진을 바꿔보자

InnoDB는 행 단위 잠금으로 데이터를 처리한다. 데이터를 처리할 때 필요한 데이터만 잠금을 걸기 때문에 다른 클라이언트에서 처리하는 데이터에는 관여하지 않는다. 그래서 여러 세션에서 동시에 테이블 데이터를 처리할 수 있는 것이다. 또한 MyISAM과 달리 인덱스뿐만 아니라 데이터까지 버퍼풀에 저장하기 때문에 모든 데이터가 메모리에 있으면 디스크를 읽지 않아도 되므로 강력한 성능을 발휘한다.

하지만 인덱스와 데이터 모두 메모리에 적재한다는 점에서 메모리 사용 효율이 좋지는 않다. 게다가 Primary Key를 제외한 보조 인덱스는 '인덱스 칼럼'과 데이터를 찾아가야 하는 'Primary Key'를 가지고 있기 때문에 인덱스 사이즈 자체가 상당히 커질 수 있다(InnoDB 인덱스 구조에 대한 내용은 1.3절을 참고하기 바란다).

이러한 특성 때문에 테이블 용도가 단순 로그 수집이라면 오히려 메모리 사용 효율이 크게 떨어질 수밖에 없다.

**그림 6-1** InnoDB의 메모리 사용(단순 로그 수집)

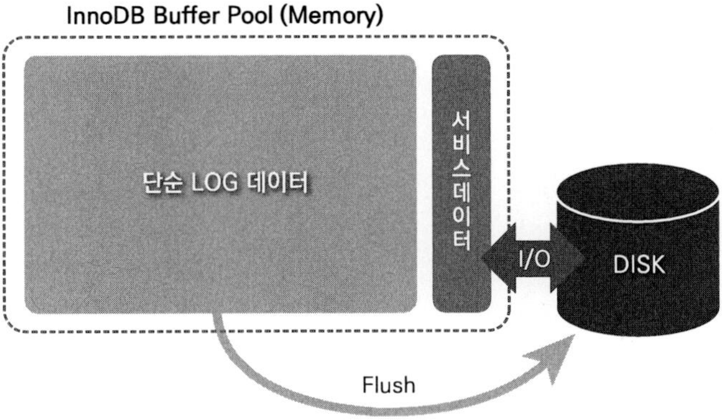


그림 6-1처럼 단순 로그 수집을 위한 테이블 데이터가 버퍼풀 대부분을 차지하면 서비스와 연관된 직접적인 데이터에 할당할 메모리 공간까지 차지하기 때문에 오히려 서비스 품질에 직접적인 타격을 준다. 이런 경우라면 로그 수집에 적합한 스토리지 엔진을 선정하여 버퍼풀의 효율을 높일 수 있다.

**표 6-1** 스토리지 엔진별 특징

| | MyISAM | InnoDB | Archive |
|---|---|---|---|
| **스토리지 제한** | **256TB** | **64TB** | **None** |
| **트랜잭션** | **No** | Yes | **No** |
| **Locking 레벨** | Table | Row | Row |
| **인덱스** | B-Tree | B-Tree | **No** |
| **Cache** | **Index** | Data/Index | **No** |
| **파티셔닝** | Yes | Yes | No |
| **Cluster Index** | **No** | Yes | **No** |
| **Foreign Key** | **No** | Yes | **No** |

MySQL에는 로그 수집에 적합한 Archive 스토리지 엔진과 MyISAM 스토리지 엔진이 있다. Archive 스토리지 엔진은 행 단위 잠금으로 동작하며 데이터를 압축하여 디스크에 저장한다. 그러므로 동시 데이터 저장에도 큰 무리가 없으며 디스크 사용량도 줄일 수 있다. 그러나 데이터 'INSERT/SELECT'만 가능하고, 'UPDATE/DELETE'는 사용할 수 없다. 게다가 인덱스를 생성할 수 없으므로 단일 데이터 접근 및 제어 시에는 적당하지 않다.

MyISAM는 테이블 잠금 형식으로 동작하기 때문에 동시 로그 적재 서비스에서는 적합하지 않지만 데이터 크기가 InnoDB에 비해 작고 칼럼에 인덱스를 생성할 수 있다. 특히 저사양 서버에서 사용하기 위해 고안된 스토리지 엔진이라 메모리 사용 효율이 아주 좋다(1장의 "MySQL에서 스토리지 엔진이란 무엇인가요?" 참고).

그렇다면 스토리지 엔진에 따라 데이터가 차지하는 디스크 용량은 어느 정도 차이가 날까? 표 6-2는 스토리지 엔진별 10만 건에 해당하는 데이터 파일의 크기를 나타낸 것이다. 각 테이블은 Primary Key 외 인덱스가 없는, 오직 데이터로만 구성되어 있다.

**표 6-2** 스토리지 엔진별 데이터가 차지하는 디스크 용량

| 스토리지 엔진 | 용 량 |
|---|---|
| InnoDB | 12.0 MB |
| MyISAM | 2.7 MB |
| Archive | 1.5 MB |

Archive 스토리지 엔진은 InnoDB 대비 1/8 정도로 데이터가 작으며 MyISAM은 1/4 정도로 데이터가 작다. 필자는 모바일 통계 DB를 튜닝할 때 Archive 스토리지 엔진을 백업 용도로 사용하여 500GB에 육박하던 데이터 파일을 100GB 미만으로 줄인 적이 있다.

테이블의 스토리지 엔진을 선정하기 전에 다음과 같이 테이블 용도에 따라 다양한 스토리지 엔진을 고려해보는 것은 어떨까?

그림 6-2 서비스 특성에 따른 스토리지 엔진 선정

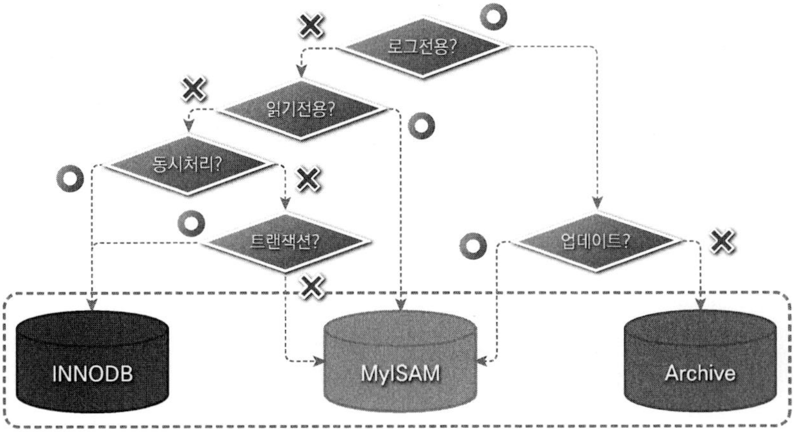


단, MySQL Replication 환경에서는 MyISAM과 Archive 스토리지 엔진이 트랜잭션을 지원하지 않기 때문에 마스터/슬레이브 간 데이터 변경 이슈가 발생할 수 있으니 주의하기 바란다(슬레이브에서 마스터 변경 사항을 적용하면 오류가 발생해도 데이터 롤백을 수행하지 않는다).

## 6.2 InnoDB를 사용한다면 Barracuda 파일 포맷도 고려해보자

MySQL 5.5 버전부터 기본 적용되는 InnoDB 1.1 스토리지 엔진은 새로운 InnoDB 파일 포맷인 Barracuda 파일을 지원한다. Barracuda 파일 포맷을 적재적소에 활용한다면 데이터 저장 공간을 크게 절약할 수 있다. InnoDB 1.1 이전에는 Antelope라는 파일 포맷만 제공하였으며 테이블을 Compact 타입으로만 저장할 수 있었다. 이에 비해 Barracuda 파일 포맷에서는 Compact 외에도 Dynamic, Compressed 등의 다양한 방식으로 테이블에 저장할 수 있다.

**표 6-3** Barracuda 파일 포맷으로 저장할 수 있는 형식

| | |
|---|---|
| Compact | 텍스트 칼럼(BLOB/VARCHAR/TEXT)의 경우 처음 768바이트만 데이터 트리에 저장하고 나머지는 별도의 페이지에 저장한다. 나머지 데이터에 접근하기 위해 포인터 20바이트가 내부적으로 생성된다. |
| Dynamic | 전체 칼럼을 데이터 트리에 넣도록 시도하고 그렇지 못하면 별도의 페이지에 저장한다. |
| Compressed | Dynamic의 기능을 가지고 있으며 정해진 블록 사이즈로 데이터를 압축한다. 모든 데이터를 있는 그대로 압축하여 저장하고 zlib 알고리즘을 통해 데이터와 인덱스를 모두 압축한다. 그리고 압축이 되어야 할 데이터 중 반복되는 일련의 데이터만 압축 처리한다. |

Barracuda 압축 포맷에 대한 자세한 내용은 관련 홈페이지[01]를 참고하기 바란다. Barracuda 파일 포맷을 사용하고 싶다면 서버 파라미터 파일(my.cnf)에 다음을 추가하고 DB를 재시작한다.

```
innodb_file_per_table
innodb_file_format = barracuda
```

Barracuda 스토리지 엔진으로 변경하려면 모든 테이블에 다음과 같이 파일 포맷을 변경하는 DDL 구문을 실행해야 한다.

```
ALTER TABLE TAB01 ROW_FORMAT = COMPRESSED KEY_BLOCK_SIZE = 8;
```

만약 InnoDB로 구성된 모든 테이블을 키 블록이 8Byte인 Barracuda 압축 포맷으로 변경하려면 다음 쿼리를 통해서 일괄 추출 및 적용할 쿼리를 만들 수 있다.

```
SELECT
    concat(
        'ALTER TABLE ', table_schema, '.', table_name,
        ' row_format = compressed key_block_size = 8;'
    ) as ddl
```

01 https://dev.mysql.com/doc/refman/5.5/en/innodb-compression-internals.html

```
FROM information_schema.tables
WHERE table_schema NOT IN ('mysql')
AND row_format != 'compressed'
AND engine = 'innodb'
ORDER BY data_length + index_length DESC;
```

Barracuda는 데이터를 압축 및 해제하기 위해 추가적인 CPU 자원을 소모한다는 것을 유의해야 한다. 이제 Barracuda 여부에 따른 성능을 살펴보자. 각 테스트에 대한 설명은 다음과 같다.

- TEST18 : barracuda COMPRESSED 미사용(barracuda를 사용하지 않으면 성능 변화는 없음)
- TEST19 : barracuda COMPRESSED 테이블 사용(KEY_BLOCK_SIZE = 8)
- TEST20 : barracuda COMPRESSED 테이블 사용(KEY_BLOCK_SIZE = 4)

**그림 6-3** 'READ-ONLY'일 때의 성능 비교

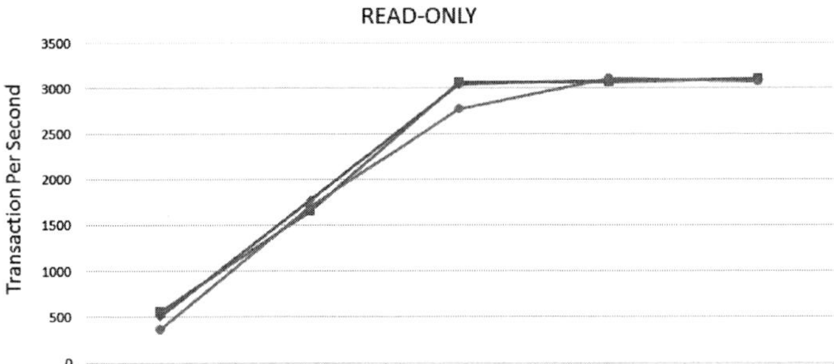


| | 1 | 5 | 10 | 15 | 20 |
|---|---|---|---|---|---|
| TEST18 | 500 | 1774 | 3048 | 3082 | 3096 |
| TEST19 | 558 | 1656 | 3069 | 3069 | 3110 |
| TEST20 | 361 | 1707 | 2769 | 3103 | 3075 |

**그림 6-4** 'READ/WRITE'일 때의 성능 비교

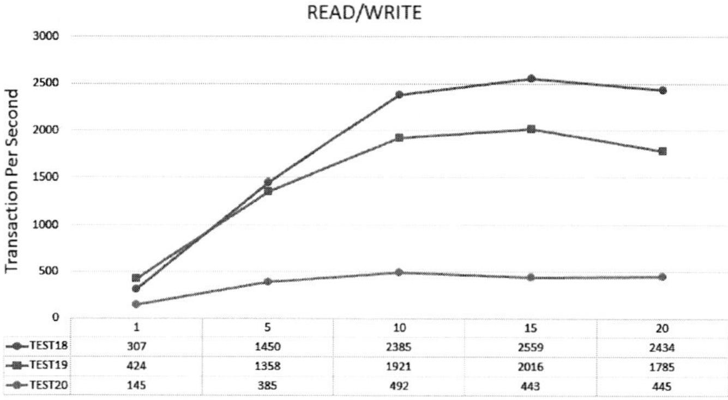


데이터 파일 크기는 다음과 같다.

**그림 6-5** 데이터 크기 비교

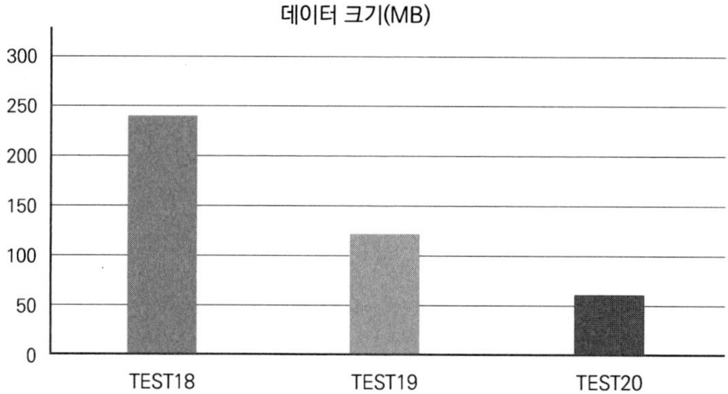


메모리에 적재되지 않은 데이터를 READ/WRITE하는 경우 성능 저하가 발생한다. 그러나 데이터 파일의 크기는 기존에 비해 작다. 그렇다면 메모리가 제한적인 환경에서 Barracuda 파일 포맷의 사용 유무에 따른 성능은 어떨까?

그림 6-6은 버퍼풀이 4GB인 환경에서 Barracuda의 사용 유무에 따른 데이터 1.3억 개의 INSERT 성능 테스트 결과다. 추가로 버퍼풀이 8GB인 환경에서 Barracuda 성능을 측정하였다.

**그림 6-6** Barracuda 사용에 따른 성능 비교

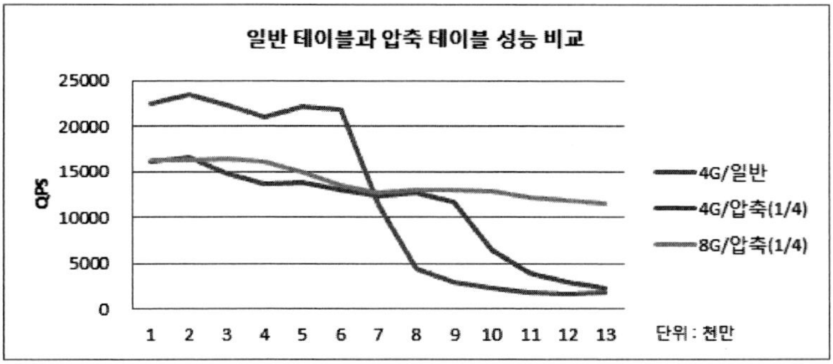


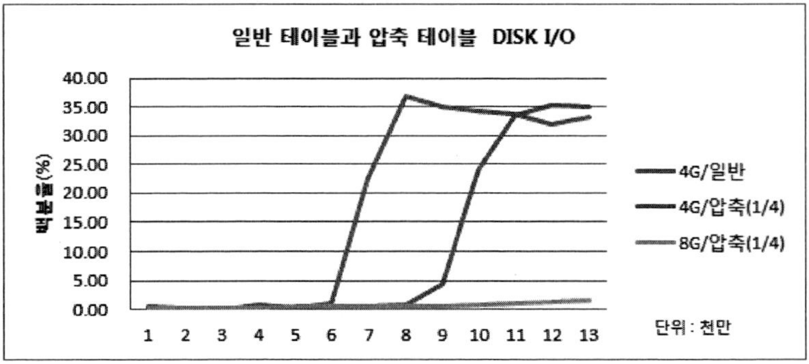


압축 테이블은 생각보다 많은 CPU 작업이 필요하기 때문에 메모리에 모든 데이터가 있다면 그 자체가 병목이다. 하지만 데이터가 급증하여 DISK I/O 이슈가 발생하면 반대로 CPU 유휴 자원을 사용하여 병목을 줄일 수 있다. DISK I/O가 발생하는 순간부터 데이터 처리 성능이 급격히 저하되는 것이다.

여기에 재미있는 사실이 하나 있다. InnoDB 버퍼풀이 24GB인 환경이라고 하더

라도 내부적으로는 버퍼풀이 40GB인 것처럼 사용할 수 있다는 점이다. 물리적으로 24GB를 InnoDB의 메모리로 할당할 경우, 데이터를 압축하여 24GB 안에 저장하기 때문에 논리적으로는 40GB 이상의 데이터가 메모리에 저장된다.

그림 6-7의 오른쪽 그림을 보면 InnoDB 버퍼풀(Total Size)이 24GB인데, 전체 사용 중(Used)인 공간은 40GB에 육박한 것을 확인할 수 있다.

**그림 6-7** Barracuda 사용에 따른 InnoDB 버퍼풀 비교

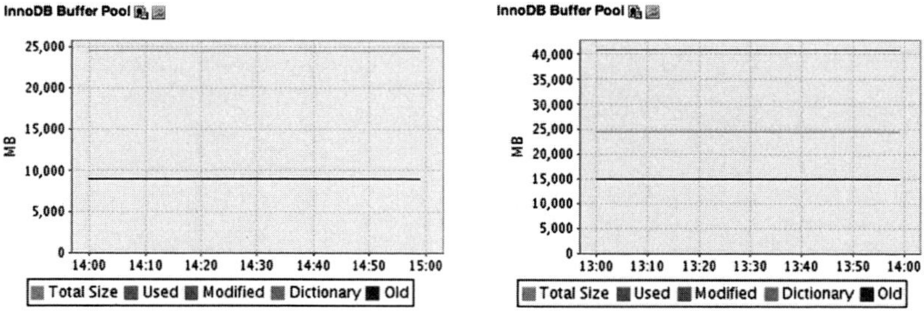


일반 파일 포맷　　　　Barracuda Compressed 포맷

필자는 Amazon RDS의 제한된 디스크 환경에서 Barracuda 포맷을 사용하여 디스크 사용 효율을 높인 경험이 있다. Antelope를 사용했을 때, 300GB 데이터로 급격히 파일 크기가 커졌으나 Barracuda 적용 후 70GB 미만으로 데이터 크기가 줄어들어 Amazon RDS의 디스크 제한 1TB를 벗어날 수 있었다. 또한 500GB 데이터 파일에 Barracuda를 적용하여 데이터 파일을 125GB로 줄여 'xtrabackup'으로 백업할 때 백업 시간을 30분에서 10분 이내로 단축하였다.

메모리가 크다면 Antelope를 사용하든 Barracuda를 사용하든 문제는 없다. 하지만 제약된 메모리 크기를 극복하고자 한다면 혹은 백업 시간을 단축하고자 한다면 Barracuda 파일 포맷을 테이블 용도에 따라 적용해보는 것도 좋다(Barracuda 포맷은 테이블 단위로 적용 가능하다).